浮式防波堤研究丛书

浮式防波堤设计方法与示例

嵇春艳　马小剑　著

科学出版社

北京

内 容 简 介

本书论述和阐释了浮式防波堤系统的设计理论、设计方法以及近岸和岛礁地形下浮式防波堤系统的设计示例。具体内容包含海洋环境载荷计算方法、浮式防波堤总布置设计方法、浮式防波堤消浪机理、浮式防波堤构型设计方法，以及典型应用场景下浮式防波堤设计和性能分析示例。内容涉及浮式防波堤在海洋工程、港口工程、海岸工程和船舶工程领域的应用，有助于设计人员了解和掌握浮式防波堤的知识和技能。

本书可供从事海洋工程、船舶工程、港口工程、海岸工程以及研究浮式结构的科技人员及高等院校师生参考，也可作为海洋工程设计人员的参考书。

图书在版编目（CIP）数据

浮式防波堤设计方法与示例／嵇春艳，马小剑著.
—北京：科学出版社，2023.9
（浮式防波堤研究丛书）
ISBN 978－7－03－075995－5

Ⅰ.①浮… Ⅱ.①嵇… ②马… Ⅲ.①浮式防波堤—设计 Ⅳ.①U656.2

中国国家版本馆 CIP 数据核字（2023）第 127352 号

责任编辑：许　健／责任校对：谭宏宇
责任印制：黄晓鸣／封面设计：殷　靓

科学出版社 出版
北京东黄城根北街 16 号
邮政编码：100717
http://www.sciencep.com

南京展望文化发展有限公司排版
苏州市越洋印刷有限公司印刷
科学出版社发行　各地新华书店经销

*

2023 年 9 月第　一　版　开本：B5（720×1000）
2023 年 9 月第一次印刷　印张：10 3/4
字数：208 000

定价：120.00 元
（如有印装质量问题，我社负责调换）

前　　言

　　浮式防波堤是一种常见的海岸及海洋工程浮式结构物，主要用于防御外海传来波浪，维护掩护水域的平稳，保护掩护区域内浮式结构物和船舶的安全，与传统固定式防波堤相比，浮式防波堤具有造价低、环境影响小、便于迁移和建造速度快等特点。

　　本书主要内容是作者及团队近十年科研项目成果的凝练和总结，为了便于读者了解和掌握浮式防波堤设计技术，以浮式防波堤设计方法为主线介绍相关内容，涉及海洋环境计算方法、浮式防波堤总布置设计方法、浮式防波堤消浪机理、浮式防波堤构型设计方法及典型构型设计示例、浮式防波堤总体性能、系泊系统以及近岸与岛礁地形下浮式防波堤设计示例。

　　本书共九章，第一章主要介绍了浮式防波堤结构形式和分类、国内外构型、总布置等方面的研究现状。第二章介绍了势流理论基础和风、浪、流等海洋环境载荷计算方法以及潮位对浮式防波堤的影响。第三章介绍了浮式防波堤总布置设计的基本原则、方法以及关键参数的确定思路和依据。第四章总结了国内外学者的理论成果，从浮式防波堤与波浪作用机理方面介绍了消浪参数的求解方法和波浪沿防波堤传播过程中分布规律。第五章从设计方法角度论述了浮式防波堤构型设计要素和基本原则，并给出了多种浮式防波堤构型的设计方法和示例。第六章介绍了浮式防波堤总体性能，涉及浮式防波堤重量和重心的估算、稳性分析等，并提供了总体性能设计示例。第七章介绍了张紧式与悬链线式系泊系统基本原理和设计方法及案例，并探讨了浅水系泊设计难点。第八章以第二章、第三章和第四章理论为基础，给出了近岸码头前浮式防波堤设计示例，详细阐述了某岛礁水域环境条件、设计要求、布置方案等，并提供相关水动力计算结果。第九章以中国典型海域岛礁为应用场景，依据消浪指标要求和海洋环境要素，设计了浮式防波堤总布置方案，在此基础上依据数值结果提供了总布置优化方案和系泊系统方案，以供读者参考和借鉴。

　　在本书完成之际，深深感谢中国船舶科学研究中心吴有生院士的支持和指导。吴院士严谨的学术作风、一丝不苟的敬业精神让我在参与"＊＊＊平台"科研团队的工作中得到跨越式成长。真诚感谢江苏科技大学浮式结构设计与性能研究团队给予的支持和帮助。该研究还得到国家自然科学基金（NSF52025112，NSF51622902、NSF51679113）、工信部项目"＊＊＊平台海上试验验证技术研究——防波堤与波浪能发电装置的海上试验验证技术研究专题""＊＊＊平台工程（二期）——防浪消浪专题""＊＊＊平台工程（三期）——高效型浮式消浪与阻流系统关键技术研究"的支持，在此一并表示感谢。

　　由于水平有限，书中难免存在错误和疏漏之处，敬请读者提出批评和建议。

嵇春艳

2023 年 3 月

于江苏科技大学

目　　录

第一章 浮式防波堤研究综述

1.1 浮式防波堤定义

防波堤是一种常见的港口、海岸及近海工程结构物，主要用于防御外海传来波浪，维护掩护水域的平稳，保护其他港口工程建筑物、船只进出港口、停泊码头与装卸货物作业等结构物的安全[1]。此外，在沙质与淤泥质海域，防波堤还起到阻挡沿岸流形成的泥沙向港内流入、减轻港内淤积的作用[1]，因此，防波堤在港口、海岸等工程中具有特殊地位。防波堤结构通常可分为固定式与浮式。

固定式防波堤很早就受到各个国家重视，发展了多种不同类型的固定式防波堤，例如重力式、高桩式、开孔式等，但随着人类海洋活动的不断深入，对简便、有效、拆装方便的浮式防波堤的需求日益迫切，因此，近年来由钢筋、钢筋混凝土、废旧橡胶制品或塑料等材料建造的浮式水面主体结构与海底锚泊系统组成的浮式防波堤因其优势越来越受到人们的重视和认可。

浮式防波堤相比固定式防波堤具有如下优点[2,3]：① 具有较好的水质交换能力，可避免所掩护水域发生水质污染；② 浅水至深水范围内，工程造价比固定式防波堤经济，浮式防波堤能较好地适应水深变化，造价不会随着水深增加而急剧增加，因此适合布置在一定水深范围海岸或者近海海域；③ 相比固定式防波堤能适用多种地质条件，如软土地质海域、珊瑚礁海域，可以避免破坏珊瑚礁，保护当地的海洋自然环境和自然渔业资源；④ 适用于需要远距离从大陆本土运送建造原材料的偏远岛礁海域，提升建造速度和效率；⑤ 浮式防波堤可利用船厂现有充足人力、物力、设备资源建造后运抵工程海域，因此具有建造速度快、结构可靠性高的特点。典型浮式防波堤构型如图 1.1 所示。

浮式防波堤依据建造材料变形量可分为刚性浮式防波堤、柔性浮式防波堤以及由刚性和柔性材料组成的混合型浮式防波堤。刚性浮式防波堤在波浪作用下浮体不发生变形，主要有方箱型、浮筒型、栅栏型和浮筒栅栏型等[3]。浮筒型浮式防波堤包括双浮筒型浮式防波堤、多浮筒型浮式防波堤等。栅栏型浮式防波堤利用多排浮管、开孔等方式使结构具备波浪反射和波浪破碎的功能，因此波浪在沿防波堤结构传播过程中会发生破碎，最终达到消浪目的[4]。柔性浮式防波堤顾名思义其结构形态会随着波浪作用发生改变，例如床垫式防波堤，由活动铰连接成的多模块浮式防波堤，抑或是以渔具来消浪、减流柔性浮式防波堤等。在此基础上，也有学者[3]提出了一种融合了刚性材料和柔性材料的混合型浮式防波堤，典

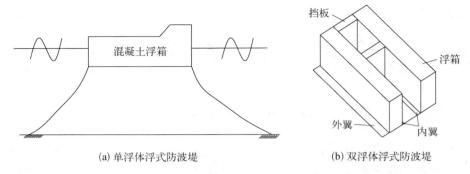

(a) 单浮体浮式防波堤　　　　　　　(b) 双浮体浮式防波堤

图 1.1　典型浮式防波堤构型示意图

型构型形式如板-网结构浮式防波堤、含消浪网双圆筒型浮式防波堤。

自 20 世纪以来，国内外学者提出了各种不同结构形式的浮式防波堤，但目前浮式防波堤还未达到广泛推广和应用阶段，主要原因如下：

（1）当前浮式防波堤消浪性能不足以与固定式防波堤相提并论，特别是浮式防波堤存在消长周期波浪效果不够理想的问题。长周期工况下，透射率普遍较高，为了保证消浪效果必须要加大浮式防波堤的相对宽度，但堤宽与防波堤的系泊张力密切相关，因此也增加了系泊系统的设计难度和工程造价，特别是系泊系统的工程造价呈现几何指数的增加幅度。浮式防波堤需要锚固系统约束其运动响应，满足法国船级社（Bureau Veritas，BV）、中国船级社（China Classification Society，CCS）、美国船级社（American Bureau of Shipping，ABS）等船级社要求的锚链系统价格不菲，因此锚固系统成本会是决定浮式防波堤工程项目的关键因素。

（2）浮式防波堤构型在工程应用过程中需要解决消浪性能、工程造价、耐腐蚀性、海上安装、后期维护等问题。一般情况下业主都缺少后期维护的能力和条件，因此在同等条件下，更多的工程项目采用了固定式防波堤方案。

（3）浮式防波堤极端海况下的安全性问题。浮式防波堤由于主要依靠系泊系统固定于海底，系泊系统在极端海况下是失效的重要风险点，从而可能引发浮式防波堤移位、漂移等现象，因此与固定式防波堤相比，其安全裕度要小。

未来，随着防波堤应用需求海域的深水化以及浮式防波堤设计与建造技术的日益成熟，浮式防波堤的应用需求将会越来越迫切。浮式防波堤可适用于水深较深海域，同时所遮蔽和掩护海域水体仍具有较好的交换和流动，有利于减少对生态环境的破坏及泥沙的淤积，是对固定式防波堤的有益补充。

1.2　浮式防波堤分类

浮式防波堤主要功能是防御堤外传来的波浪，维护所掩护水域的平稳，以期保护其掩护水域内的浮式结构物,保证船只进出、停泊与装卸作业的安全,因此浮式防波堤一般利用某种或多种组合消浪方式消减波能从而达到消浪的目的。为了达到消浪的功能要求,现有浮式防波堤消浪方式上主要依靠波浪反射、波浪破碎、摩擦、涡旋、共振等方式实现消浪的目的。不同结构形式的浮式防波堤所利用的消浪机理也各不相同,主要分为波能反射型、摩擦或耗散型、反射兼耗散复合型以及其他类型等[5]。

1. 波能反射型

利用浮式防波堤迎浪断面迫使波浪反射从而降低堤后波浪能量,同时反射波浪与入射波产生的相位差一定程度上可消减入射波能量。典型波能反射型浮式防波堤结构形式有:单浮体的方箱型浮式防波堤[6]、圆筒型浮式防波堤[7]以及双浮体浮式防波堤[8]。反射型浮式防波堤几何形状大多是方箱型或者圆筒型(图1.2),消浪性能主要取决于方箱的挡水面积和堤宽与波浪波长之比。在一定范围内,方箱的入水深度越大反射作用越强,透射波浪能量越小,堤后波浪波高越小[9]。此外,近年来也有学者在原有方箱型基础上,借鉴单柱式平台(Spar平台)垂荡板设计原理在方箱底部增加了水平或垂直板,增加浮体阻尼,降低垂向运动响应,进而提升了消浪性能(图1.3),试验数据表明上述改进措施有利于提升浮式防波堤性能[10-13]。

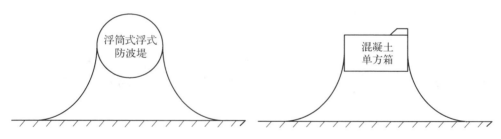

图 1.2　典型反射型浮式防波堤构型

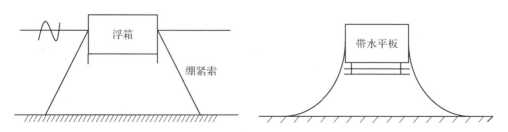

图 1.3　典型改进反射型浮式防波堤构型

2. 摩擦或耗散型

摩擦或耗散型防波堤主要在波浪沿浮式防波堤传播方向上利用水体的黏性效应使得水质点与浮式防波堤结构相互作用,损耗、摩擦波浪能量进而造成波浪破碎,从而达到消浪的目的。典型的结构形式,如筏式浮式防波堤,其结构尺寸在波浪传播方向上较长,吃水较小。根据材料和使用要求,具有单层筏式和双层筏式,但其厚度与长度相比是小量,其主要消浪机理是阻止波浪质点运动的垂直分量,使波浪质点运动转变成杂乱的紊流运动[14]。此类典型结构形式在20世纪60年代末至70年代初由英、美等国家提出,如混凝土十字箱、贮水尼龙袋、空心预应力混凝土梁构成漂浮平面与旧卡车轮胎连成一片等结构形式的浮式防波堤[15]。

基于国外发达的汽车工业,美国罗德岛大学的研究学者利用当地大量的废旧轮胎,设计了由多个废旧轿车轮胎组成的应用于外海溢油现场的浮式防波堤构型,图1.4为浮筏式轮胎浮式防波堤示意图。上述防波堤造价较为低廉,原材料来源充足,运输方便,可根据实际情况随意组合工程所需的断面形式。此构型曾在一次开阔海域的油轮搁浅引发的溢油事故中使用,提供临时海上工作环境。利用波浪反射、紊动耗能等原理,王环宇[9]提出了多孔浮式防波堤,其构型由多层多个菱形模块拼装而成,结构形式可以根据实际情况选择多种组合方式,试验结构表明其结构具备消浪效果较好、波浪载荷小的特点,结构形式如图1.5所示。

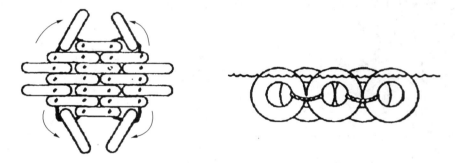

图1.4　浮筏式轮胎浮式防波堤

3. 反射兼耗散复合型

考虑到单独依靠一种消浪机理消浪其结果往往不能令人满意,因此出现了复合两种或者多种消浪机理的结构形式,例如板-网型[15,16]、含柔性网双圆筒型(图1.6)[17-21]。其主要在浮式防波堤构型上兼容并蓄了两种或者多种消浪机理于一身。根据线性波浪理论可知,水质点运动速度沿水深方向呈现指数衰减,因此自由液面以下三倍波高水深范围内的水质点集中了98%的波浪能量[15]。为了增加浮式防波堤消浪效率同时降低波浪载荷,在现有浮式防波堤水面构型的基础上增加水下消浪设施(如网衣)成为一种较好的选择。上述浮式防波堤结构形式在同样尺寸时比纯反射型和纯耗散型具备更好的消浪效果和能力,在一定程度上降低了堤后波高[18-21]。

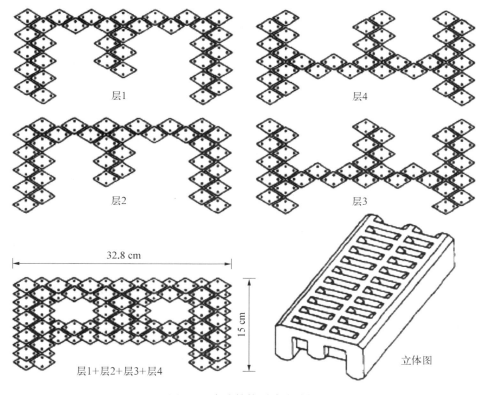

图 1.5　多孔结构浮式防波堤

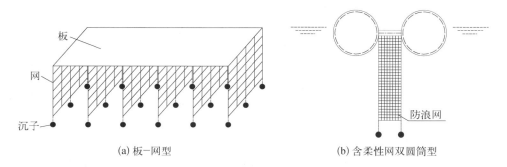

(a) 板-网型　　　　　　　　　　(b) 含柔性网双圆筒型

图 1.6　复合型浮式防波堤

4. 其他类型

如图 1.7 所示，除了上述三种结构形式外，Koo 等[22]利用水质点升沉运动特点设计了一浮式防波堤结构，计算结果表明，当结构处于固定状态时，压缩气体的阻尼作用对波能削弱有明显作用。杨志文等[23]（图 1.8）设计采用水舱的浮式防波堤构型，其防波堤结构形式内部充满一定量的水体，利用水体的惯性量增加

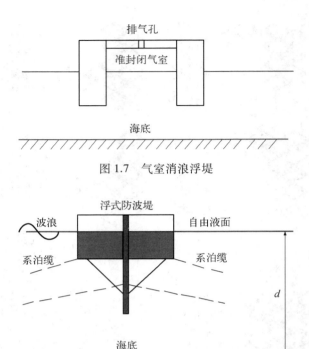

图 1.7　气室消浪浮堤

图 1.8　压载水式浮式防波堤

防波堤结构自身的消浪性能，数据结果表明其具备比较好的消浪性能。

1.3　浮式防波堤设计方法与规范研究现状

　　当前浮式防波堤的研究更多关注浮式防波堤构型形式，例如新型浮式防波堤构型的研发以及新构型消浪性能、运动响应、系泊张力评估等[24-38]，对于浮式防波堤构型设计方法、堤长、堤宽、防波堤轴向布置方位等总布置方面的研究较少。然而对于加快浮式防波堤工程化进程，必须首先解决上述关键问题，目前尚缺少足够的研究成果和相应的设计规范。国外在这方面研究开展较早，20 世纪 90 年代国际航运会议常设协会（Permanent International Association of Navigation Congresses，PIANC）第二届常设技术委员会组织工作组出版了浮式防波堤实用设计和建造指南[39]，给出了不同结构吃水比下不同相对堤宽方箱型浮式防波堤的透射规律以及锚链张力，提供了单元模块连接器方案并给出了简单参考案例。

　　近年来基于浮式防波堤的优良特点，发达国家在逐步推进浮式防波堤的工程建设，如图 1.9 所示，典型案例如新西兰普奥码头浮式防波堤工程项目、新西兰贝斯沃特码头、希腊梅索隆希浮式防波堤项目[39]。

(a) 新西兰奥普码头

(b) 皇家摩托游艇俱乐部

(c) 新西兰贝斯沃特码头

(d) 游艇码头

(e) 希腊梅索隆希浮式防波堤项目

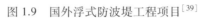
图 1.9　国外浮式防波堤工程项目[39]

参 考 文 献

[1]　肖霄. 双浮筒-水平板式浮式防波堤的数值研究[D]. 大连：大连理工大学，2010.

[2]　王永学，王国玉. 近岸浮式防波堤结构的研究进展与工程应用[J]. 中国造船，2002，43（8）：314 – 321.

[3]　董华洋. 浮箱-水平板式浮式防波堤水动力特性研究[D]. 大连：大连理工大学，2009.

[4]　袁盛良. 浮箱式防波堤水动力特性试验研究[D]. 长沙：长沙理工大学，2012.

[5]　沈雨生，周益人，潘军宁. 浮式防波堤研究进展[J]. 水利水运工程学报，2016（5）：124 – 132.

[6]　Drimer N, Agnon Y, Stiassnie M. A simplified analytical model for a floating breakwater in water of finite depth[J]. Applied Ocean Research, 1992, 14（1）：33 – 41.

[7]　Sannasiraj S A, Sundar V, Sundaravadivelu R. Mooring forces and motion responses of pontoon-type floating breakwaters[J]. Ocean Engineering, 1998, 25（1）：27 – 48.

[8]　Williams A N, Abul-Azm A G. Dual pontoon floating breakwater[J]. Ocean Engineering, 1997, 24（5）：465 – 478.

[9]　王环宇. 多孔浮式防波堤的实验研究与数值模拟[D]. 大连：大连理工大学，2010.

[10]　陈智杰，董华洋，曾志，等. 波浪作用下方箱-水平板浮式防波堤时域水动力分析[J]. 应用海洋学学报，2012，31（1）：114 – 120.

[11]　王永学，董华洋，郑坤，等. 垂直导桩锚固方箱-水平板式浮堤消浪性能试验研究[J]. 大连理工大学学报，2009，49（3）：432 – 437.

[12]　杨彪，陈智杰，王国玉，等. 双浮箱-双水平板式浮式防波堤试验研究[J]. 水动力学研究与进展 A 辑，2014，29（1）：40 – 49.

[13]　董华洋. 浮箱-水平板式浮防波堤水动力特性研究[D]. 大连：大连理工大学，2011.

[14]　盛祖荫，孙龙. 掩护海水养殖网箱的浮式防波堤的消浪特性[J]. 中国水产科学，2001，8（4）：70 – 72.

[15]　董国海，郑艳娜，李玉成. 板-网结构浮式防波堤消浪性能的试验研究[J]. 工程力学，2006，23（7）：142 – 146.

[16]　Dong G H, Zheng Y N, Li Y C, et al. Experiments on wave transmission coefficients of floating breakwaters[J]. Ocean Engineering, 2008, 35（8 – 9）：465 – 478.

[17]　Ji C Y, Guo Y C, Cui J, et al. 3D experimental study on a cylindrical floating breakwater system[J]. Ocean Engineering, 2016, 125：38 – 50.

[18]　Ji C Y, Chen X, Cui J, et al. Experimental study on configuration optimization of floating breakwater[J]. Ocean Engineering, 2016, 117（1）：302 – 310.

[19]　Ji C Y, Chen X, Cui J, et al. Experimental study of a new type of floating breakwater[J]. Ocean Engineering, 2015, 105：295 – 303.

[20]　Ji C Y, Cheng Y, Yang K, et al. Numerical and experimental investigation of hydrodynamic performance of a cylindrical dual pontoon-net floating breakwater[J]. Coastal Engineering, 2017, 129：1 – 16.

[21]　Ji C Y, Chen X, Cui J, et al. Experimental study of a new type of floating breakwater[J]. Ocean Engineering, 2015, 105：295 – 303.

[22]　Koo W, Kim M H, Lee D H, et al. Nonlinear time-domain simulation of pneumatic floating breakwater[J]. International Journal of Offshore and Polar Engineering, 2006, 16（1）：25 – 32.

[23]　Yang Z W, Xie M X, Gao Z L, et al. Experimental investigation on hydrodynamic effectiveness of a water ballast type floating breakwater[J]. Ocean Engineering, 2018, 167：77 – 94.

[24]　侯勇. 单方箱-锚链式浮式防波堤水动力特性试验研究[D]. 大连：大连理工大学，2008.

[25]　Murali K, Mani J S. Performance of cage floating breakwater[J]. Journal of Waterway Port Coastal & Ocean Engineering, 1997, 123（4）：172 – 179.

[26]　Liang N K, Huang J S, Li C F. A study of spar buoy floating breakwater[J]. Ocean Engineering, 2004, 31 (1): 43−60.

[27]　Rahman A, Mizutani N, Kawasaki K. Numerical modeling of dynamic responses and mooring forces of submerged floating breakwater[J]. Coastal Engineering, 2006, 53 (10): 799−815.

[28]　Hegde A V, Kamath K, Magadum A S. Performance characteristics of Horizontal Interlaced Multilayer Moored floating pipe breakwater[J]. Journal of Waterway Port Coastal & Ocean Engineering, 2007, 133 (4): 275−285.

[29]　Dong G H, Zheng Y N, Li Y C, et al. Experiments on wave transmission coefficients of floating breakwaters [J]. Ocean Engineering, 2008, 35: 931−938.

[30]　Wang H Y, Sun Z C. Experimental study of a porous floating breakwater[J]. Ocean Engineering, 2010, 37: 520−527.

[31]　Uzaki K I, Ikehata Y, Matsunaga N. Performance of the wave energy dissipation of a floating breakwater with truss structures and the quantification of transmission coefficients[J]. Journal of Coastal Research, 2011, 274 (4): 687−697.

[32]　Fang H, Huang Z, Law W K. Hydrodynamic performance of a rectangular floating breakwater with and without pneumatic chambers: An experimental study[J]. Ocean Engineering, 2012, 51: 16−27.

[33]　He F, Huang Z, Law A W K. An experimental study of a floating breakwater with asymmetric pneumatic chambers for wave energy extraction[J]. Applied Energy, 2013, 106: 222−231.

[34]　He F, Leng J, Zhao Z X. An experimental investigation into the wave power extraction of a floating box-type breakwater with dual pneumatic chambers[J]. Applied Ocean Research, 2017, 67: 21−30.

[35]　Madhi F, Sinclair M E, Yeung R W. The "Berkeley Wedge": An asymmetrical energy-capturing floating breakwater of high performance[J]. Marine Systems & Ocean Technology, 2014, 9 (1): 5−16.

[36]　Loukogeorgaki E, Yagci O, Kabdasli M S. 3D experimental investigation of the structural response and the effectiveness of a moored floating breakwater with flexibly connected modules[J]. Coastal Engineering, 2014, 91: 164−180.

[37]　Xiao L F, Kou Y F, Tao L B, et al. Comparative study of hydrodynamic performances of breakwaters with double-layered perforated walls attached to ring-shaped very large floating structures[J]. Ocean Engineering, 2016, 111 (1): 279−291.

[38]　Duan W Y, Xu S P, Xu Q L, et al. Performance of an F-type floating breakwater: A numerical and experimental study [J]. Proceedings of the Institution of Mechanical Engineers, Part M: Journal of Engineering for the Maritime Environment, 2017, 231 (2): 583−599.

[39]　Permanent International Association of Navigation Congresses (PIANC). Floating breakwaters: A practical guide for design and construction[R]. PTC2 Report of WG 13−1994, 1994.

第二章 海洋环境载荷

2.1 概　述

在设计浮式防波堤时，除了考虑浮式防波堤消浪性能之外，还需考虑正常使用工况和生存工况下浮式防波堤的运动性能、系泊安全以及结构安全性。为保证浮式防波堤在工作海况的消浪性能和极限设计海况下的自身安全，必须获得目标工程海域的海洋环境数据，以便较为准确地计算当地的环境载荷。

海洋环境要素通常指风、浪、流等，作用在海洋结构物的环境荷载一般可分成静载荷和动力载荷两种。静载荷主要由风和流引起，动载荷则主要由脉动风和波浪引起[1]。本章主要介绍浮式防波堤海洋环境载荷基本计算方法。

2.2 波　浪　载　荷

波浪载荷是浮式结构物海洋环境载荷中最为重要的部分，其对浮式防波堤运动响应和系泊张力具有极大的影响。根据流体力学知识可知，波浪对结构物载荷大致可以分成以下四种效应[2]：

（1）流体黏性效应；

（2）物体存在使水质点原有惯性发生改变而引起的附加质量效应；

（3）物体存在使波浪发生散射作用而产生的散射效应；

（4）物体自身相对高度较大，干扰了原有波浪场自由液面产生的自由表面效应。

当前一般根据结构物的相对长度（结构物特征长度与波浪波长之比）将其分成两类：① 大尺度结构物，典型结构物如浮式平台、船舶等；② 小尺度结构物，典型结构物如各种管线、桩柱等。对于小尺度结构物其对波浪运动无显著影响，波浪对结构物的作用主要是黏性和附加质量效应。通常对于小尺度结构物采用由 20 世纪 50 年代美国陆军工程团莫里森（Morison）等提出的半经验和半理论方程。莫里森方程使用的关键在于选定适宜的波浪理论和恰当的拖曳力和惯性力系数。

对于大尺度结构物波浪载荷需要考虑波浪的绕射效应，通常采用 1954 年 Maccamy 和 Fucks 等提出的绕射理论或者 Froude - Kylov 理论来计算波浪载荷[3]。

2.2.1 大尺度结构物波浪载荷计算方法

浮式防波堤的主体结构通常属于大尺度结构物，对波浪场的绕射效应不可忽略，因此其波浪载荷一般采用绕射理论来计算波浪载荷。确定波浪载荷的方法有设计波法和设计谱法两种，本节主要介绍如何用常用的设计波法计算波浪载荷。实际海洋中波浪形态多种多样，前人基于波浪长期观测与实践提出了线性波和非线性波浪两大理论，线性波理论由于简单，使用简便，有良好的适用性（适用于各种水深，线性性质可用于研究绕射问题和各种谱分析），而且线性波理论计算结果一般都能满足工程要求，因此长期实践中线性波理论得到广泛的应用。本书基于线性波理论介绍大尺度结构物波浪载荷的基本理论和方法[4]。

基于流体是不可压缩、均匀、无黏、无旋的假定，通过线性化的自由面条件、不透水的海底条件、无穷远的辐射条件将拉普拉斯方程转换为定解问题。

控制方程：

$$\nabla^2 \Phi = 0 \tag{2.1}$$

有限水深入射速度势：

$$\Phi_0(x,\ y,\ z) = -i\,\frac{gH\cosh k(z+d)}{2\omega\cosh kd}\mathrm{e}^{i(kx\cos\theta + ky\sin\theta)} \tag{2.2}$$

线性化的自由表面条件：

$$\frac{\partial^2 \Phi}{\partial t^2} + g\,\frac{\partial \Phi}{\partial z} = 0 \quad (z = 0) \tag{2.3}$$

不可穿透物面条件：

$$\frac{\partial \Phi}{\partial n}\Big|\,s_0 = -i\omega x_j n_j \quad n = (n_1,\ n_2,\ n_3,\ yn_3 - zn_2,\ zn_1 - xn_3,\ xn_2 - yn_1) \tag{2.4}$$

海底条件：

$$\frac{\partial \Phi}{\partial z} = 0 \quad (z = -d) \tag{2.5}$$

无穷远辐射条件：

$$\lim_{R\to\infty}\left(\frac{\partial \Phi}{\partial R} - i\nu\Phi\right) = 0 \quad \nu = \frac{\omega^2}{g} \tag{2.6}$$

上述几个式子中，Φ 为速度势；θ 为波浪入射角度；$R^2 = x^2 + y^2$；$n_j(j = 1,\ 2,$

3，…，6）为物面上的法向量；g 为重力加速度；k 为波数；ν 为深水波数；ω 为波频率；d 为水深；H 为波高。

将速度势分解：

$$\Phi = \Phi_I + \Phi_s = \Phi_0 + \Phi_j + \Phi_7 \tag{2.7}$$

式中，Φ_I、Φ_s、Φ_j、Φ_7 分别为入射速度势、散射速度势、辐射速度势和绕射速度势。由于波面速度势是频率为 ω 的简谐函数，可将速度势如下表达：

$$\Phi = \Phi(x, \quad y, \quad z)\,\mathrm{e}^{-i\omega t} \tag{2.8}$$

将整个流体动力问题转为如下表达式：

$$
\begin{cases}
[L]: \quad \nabla^2 \Phi_j = 0 \\[2mm]
[F]: \quad \dfrac{\partial \Phi_j}{\partial z} - \nu \Phi_j = 0 \quad (z = 0) \\[2mm]
[S]: \quad \dfrac{\partial \Phi_j}{\partial n} = \begin{cases} U_j n_j \quad (j = 1, \quad 2, \quad 3, \quad \cdots, \quad 6) \\[2mm] -\dfrac{\partial \Phi_0}{\partial n} \quad (j = 7) \end{cases} \\[4mm]
[B]: \quad \dfrac{\partial \Phi_j}{\partial z} = 0 \quad (z = -d) \\[2mm]
[R]: \quad \lim\limits_{R \to \infty} \sqrt{R}\left(\dfrac{\partial \Phi_j}{\partial R} - i\nu \Phi_j \right) = 0
\end{cases}
\tag{2.9}
$$

上述定解问题采用边界元方法求解，采用在物体表面布置满足于自由表面和海底条件以及无穷远辐射条件的源表示速度势，即：

$$\Phi(x, \quad y, \quad z) = \frac{1}{4\pi} \iint\limits_{S_b} \sigma(Q) G(P, \quad Q)\,\mathrm{d}s \tag{2.10}$$

$$G(x, \quad y, \quad z; \quad \xi, \quad \eta, \quad \zeta) = \frac{1}{r} + \frac{1}{r'}$$

$$+ 2\mathrm{P.V.} \int_0^{\infty} \frac{(\mu + \nu)\mathrm{e}^{-\mu d}\cosh[\mu(d + \zeta)]\cosh[\mu(z + d)]}{\mu \sinh(\mu d) - \nu \cosh(\mu d)} J_0(\mu R)\,\mathrm{d}\mu$$

$$+ i\,\frac{2\pi(k^2 - \nu^2)\cosh[k(d + \zeta)]\cosh[k(z + d)]}{k^2 h - \nu^2 h + \nu} J_0(kR)$$

$$\tag{2.10a}$$

式中，σ 表示结构物表面 Q 点处的源强度函数；x、y、z、ξ、η、ζ 分别为场点与源点的三维坐标。

$$r = \left[(x - \xi)^2 + (y - \eta)^2 + (z - \zeta)^2 \right]^{1/2} \quad (2.10b)$$

$$r' = \left[(x - \xi)^2 + (y - \eta)^2 + (z + \zeta + 2h)^2 \right]^{1/2} \quad (2.10c)$$

$$R = \left[(x - \xi)^2 + (y - \eta)^2 \right]^{1/2} \quad (2.10d)$$

式 (2.10) 中, P.V. 表示积分主值; $J_0(\mu R)$ 表示第一类零阶 Bessel 函数。由式 (2.10) 给出的速度势满足物面条件, 有:

$$-2\pi\sigma(x, y, z) + \iint_{S_b} \sigma \frac{\partial}{\partial n} G(x, y, z; \xi, \eta, \zeta) \mathrm{d}s$$

$$= \begin{cases} n_j(x, y, z) & (j = 1, 2, \cdots, 6) \\ -\dfrac{\partial \varphi_0(x, y, z)}{\partial n} & (j = 7) \end{cases} \quad (2.11)$$

对任意形状物体, 求解上述方程的解析解是困难的, 甚至是不可能的。因此必须用数值方法求解。Hess - Smith 是将物面 S_b 划分成众多的曲面, 每块曲面由给定的方法形成平面四边形单元。每个单元上在形心处设定一常数源强, 这样在曲面 S_b 上的积分方程可以转为在每个单元上的积分之和, 于是上式可以离散成:

$$-2\pi\sigma_{ij} + \alpha_{ij}\sigma_{jk} = \begin{cases} n_j(x, y, z) & (j = 1, 2, \cdots, 6) \\ -\dfrac{\partial \varphi_0(x, y, z)}{\partial n} & (j = 7) \end{cases} \quad (2.12)$$

$$\alpha_{ij} = n \cdot \iint_{\Delta S_b} \nabla G(x, y, z; \xi, \eta, \zeta) \mathrm{d}s = \iint_{\Delta S_b} \frac{\partial}{\partial n} G(x, y, z; \xi, \eta, \zeta) \mathrm{d}s \quad (2.12a)$$

由式 (2.12) 得到物面上的源强后, 物面的速度势可以由下式求得

$$\Phi_{ij} = \frac{1}{4\pi} \sum_{k=1}^{N} \sigma_{ik} \iint_{S_b} G_{kj} \mathrm{d}s \quad (2.13)$$

频域下结构物上的波浪载荷可以由通过结构物物体表面上的各个单元水动力压强积分得到, 而水动力压强由线性化的伯努利方程给出:

$$p = -\rho \frac{\partial \Phi}{\partial t} \quad (2.14)$$

这样由入射势和绕射势引起的波浪载荷由湿表面 S_b 上的流体压强积分求得

$$F_{fk} = -\iint\limits_{S_b} p \cdot n\mathrm{d}s = -i\rho\omega e^{-i\omega t}\iint\limits_{S_b} \boldsymbol{\Phi} \cdot n\mathrm{d}s = -i\rho\omega e^{-i\omega t}\iint\limits_{S_b} (\boldsymbol{\Phi}_0 + \boldsymbol{\Phi}_7) \cdot n\mathrm{d}s \quad (2.15)$$

式中，F_{fk} 为波浪激振力（矩）。

同理可以得到辐射力的表达形式，由受到波浪作用结构物运动而引起的辐射力矩，通常由附加质量 a_{ij} 和阻尼 b_{ij} 来表示：

$$F_{fk} = -\iint\limits_{S_b} p \cdot n\mathrm{d}s = -i\rho\omega e^{-i\omega t}\iint\limits_{S_b} \boldsymbol{\Phi}_j \cdot n\mathrm{d}s (j = 1, \ 2, \ 3, \ \cdots, \ 6) \quad (2.16)$$

$$a_{ij} = -\mathrm{Re}\{\rho\iint\limits_{S_b}\varphi_j n_k\mathrm{d}s\}$$

$$b_{ij} = -\mathrm{Im}\{\rho\iint\limits_{S_b}\varphi_j n_k\mathrm{d}s\} \tag{2.17}$$

二阶平均漂移力

对于单个物体，二阶平均漂移力的求解有近场法和远场法两种理论。近场法是通过瞬时物体表面的水动压力积分在一个波浪周期上的平均来获得二阶漂移力，二阶平均漂移力远场方法表达式为[4]

$$\overline{F^{(2)}} = -\frac{\rho}{2}\mathrm{Re}\left[\iint\left[n\left\{\frac{1}{2}\ \nabla\boldsymbol{\Phi} \cdot \ \nabla\boldsymbol{\Phi}^* - i\omega[\xi + \alpha \times (x - x_c)] \cdot \nabla\boldsymbol{\Phi}^*\right\}\right.\right.$$

$$- i\omega(\alpha \times n)\boldsymbol{\Phi}^*]\mathrm{d}s + \frac{g}{2}\oint\limits_{C_e}\zeta\{\zeta - 2[\xi + \alpha \times (x - x_c)] \cdot n_3\}^*n\mathrm{d}l$$

$$\left.\left. - gA_{wp}\left[(x_f - x_c)\alpha_1\alpha_3^* + (y_f - y_c)\alpha_2\alpha_3^* - \frac{z_c}{2}(\alpha_1\alpha_1^* + \alpha_2\alpha_2^*)\right]k\right]\right.$$

$$\tag{2.18}$$

其中，* 表示复数的共轭；A_{wp} 为物体平衡时截断水面的面积；x_f 为物体的浮心；x_c 为物体的质心；C_e 为物体平衡时与水面的交线。同样我们可以获得二阶漂移力的动量表达式。平均漂移力的水平模态也可以通过远场法求得。

流体水平动量的变化率为

$$\frac{\mathrm{d}M_j}{\mathrm{d}t} = -\iint\limits_{S_B+S_F+S_D+S_\infty}[Pn_j + \rho U_j(U_n - V_n)]\mathrm{d}s \ (j = 1, \ 2, \ 3, \ \cdots, \ 6) \quad (2.19)$$

式中，V_n 为控制面的广义法向速度；U_n 为水质点的广义速度；p 为压力；S_B 为物体所在的湿表面；S_F 为自由水面；S_D 为水平海底面；S_∞ 为无穷远处的封闭曲面。应用相应的边界条件在时间上取平均，则可得二阶漂移力：

$$\overline{F_1} = -\frac{\rho g A^2}{k} \frac{C_g}{C} \left\{ \frac{1}{\pi} \int_0^{2\pi} \cos\theta \mid A(\theta) \mid^2 d\theta + 2\cos\beta \mathrm{Re}[A(\beta)] \right\}$$

$$\overline{F_2} = -\frac{\rho g A^2}{k} \frac{C_g}{C} \left\{ \frac{1}{\pi} \int_0^{2\pi} \sin\theta \mid A(\theta) \mid^2 d\theta + 2\sin\beta \mathrm{Re}[A(\beta)] \right\}$$

$$\overline{F_6} = \frac{\rho g A^2}{k^2} \frac{C_g}{C} \mathrm{Im} \left\{ \frac{1}{\pi} \int_0^{2\pi} A(\theta) \frac{dA^*(\theta)}{d\theta} d\theta + \frac{dA^*(\beta)}{d\theta} \right\}$$

$$A(\theta) = \frac{i\omega c_0}{4\pi g} \cosh^2(kd) \cdot \iint_{S_b} \left(\frac{\partial \Phi}{\partial n} - \Phi \frac{\partial}{\partial n} \right) \frac{\cosh k(d+\eta)}{\cosh kd} \exp[-ik(x\cos\theta + z\sin\theta)] ds$$

$$(2.20)$$

式中，$A(\theta)$ 与无限远处散射波的振幅有关；β 为入射波与 x 轴的夹角。通常采用远场方法求解二阶漂移力比近场法计算结果要准确，这是因为近场法要用到速度势的导数和泰勒展开。传统的理论很难求解准确的速度势导数，而且泰勒展开只有在波陡和物体运动幅值比较小时才适用。但是远场法亦有缺点，它只能给出二阶漂移力的水平分量，而近场法则能够给出全部六个分量[4]。

2.2.2　小尺度结构物波浪载荷计算方法

随着浮式防波堤结构形式的发展，浮式防波堤结构形式也不局限于方箱等形式，在方箱型基础上增加了附属结构物，例如板和管系等，因此针对小尺度结构物的波浪诱导载荷通常采用 20 世纪 50 年代 Morison 等提出的半经验半理论公式莫里森（Morison）方程[3,5]。莫里森方程通常认为圆柱体结构尺寸相比波浪波长尺度较小，忽略圆柱体存在造成的波浪绕射力。认为圆柱体的存在对波浪运动无显著影响，波浪对于圆柱体作用主要是黏滞效应和附加质量效应引起的。因此波浪力可分成两部分：一项为同速度的平方成正比的阻力项，另一项为与加速度成正比的惯性力项[4,5]。速度和加速度应当从未加扰动的流体运动求得，作用力的幅值通过无量纲的系数来调节，系数主要由物体形状来决定，系数的取值可以参考相关的规范和试验数据。

莫里森方程如下[6]：

$$F = F_D + F_I \tag{2.21}$$

式中，F 为小尺度构件垂直于其轴线方向单位长度上的波浪载荷，单位为 kN/m。F_D 为单位长度上的曳力，单位为 kN/m。

$$F_D = \frac{1}{2}\rho_W C_D A \mid u - \dot{x} \mid (u - \dot{x}) \qquad (2.21a)$$

式中，ρ_W 为海水密度，t/m^3；C_D 为曳力系数；A 为单位长度构件在垂直于矢量方向上的投影面积；u 为垂直于构件水质点速度分量；$\dot{x}$ 为垂直于构件轴线速度分量。

F_I 为单位长度上的惯性力，单位为 kN/m。

$$F_I = \rho_W C_A V_{体}(\dot{u} - \ddot{x}) + \rho_W V_{体}\dot{u} = \rho_W V_{体}(C_M \dot{u} - C_A \ddot{x}) \qquad (2.21b)$$

式中，C_A 为曳力系数；$V_{体}$ 为单位长度构件的体积；$\dot{u}$ 为垂直于构件水质点加速度分量；$\ddot{x}$ 为垂直于构件轴线加速度分量；C_M 为惯性力系数，$C_M = 1 + C_A$。C_D 和 C_M 均为经验性系数，一般与波浪运动学理论相匹配。对于圆形构件，可取 $C_D = 0.6 \sim 1.2$，$C_M = 1.3 \sim 2.0$。

2.3　流 载 荷

海流在开敞海域中是一种常见现象，海面上的流主要由水体吸收风的能量后形成的风生流、大气压陡变引起的风暴涌流、天外星体（主要为太阳、月亮）引力产生的潮流三部分组成[7]，具体如图 2.1 所示。

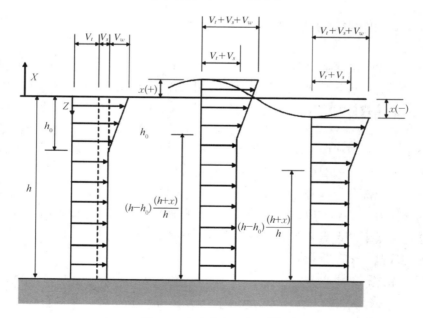

图 2.1　流速分布示意图[5]

注：V_t 为潮流流速；V_s 为风暴涌流流速；V_w 为风生流流速；h_0 为风生流参考水深；Z 为水质点在静水面以下垂直距离；h 为静水水深

在海洋工程结构设计中,流载荷计算方法一般分为以下两类。

(1)大尺度结构物流载荷。大尺度结构物的流载荷基本思想如下:通常默认流速不随时间变化,按照稳态载荷处理,因此一般按照经验性公式计算[5]:

$$F = \frac{1}{2} C_D \rho_W V^2 A \tag{2.22}$$

式中,C_D 为经验性系数;ρ_W 为海水密度;V 为设计海流流速;A 为结构与流速垂直平面上的投影面积。

(2)小尺度结构物流载荷。一般计算小尺度结构物流载荷时,将海流流速与波浪水质点流速矢量叠加,因此莫里森方程中速度应该是波浪水质点速度和潮流流速的矢量和[5]。

2.4 风 载 荷

风对于结构物的作用通常可用两种方式进行计算,一种为平均风速,另一种为脉动风速。浮式防波堤相比浮式平台结构其平均水位以上的上部结构尺度有限,风对于浮式防波堤影响有限[1]。因此风载荷通常认为是一个不随时间改变的环境载荷,忽略风的紊流速度。通过上述简化,风对结构物载荷可以用一个平均力来表示。对于风载荷通常采用下式计算[1]:

$$f = \frac{1}{2} C_D \rho V_w^2 A \tag{2.23}$$

式中,C_D 为经验性系数,对于垂直作用的风,美国石油协会(American Petroleum Institute,API)指南推荐风压经验性系数,C_D 如表 2.1 所示[1];ρ 为空气密度;V_w 为平均风速,通常以海平面 10 m 高度处 1 min 内的平均风速;A 为垂直于风速方向的结构投影面积。

表 2.1 风力系数推荐表

受风构件种类	C_D
梁	1.5
建筑物侧面	1.5
圆柱体截面	0.5
平台的总投影面积	1.0

2.5　潮　　差

潮汐现象是指海水在太阳、月亮等天体引力作用下所产生的周期性运动，通常把海平面垂直方向涨落称为潮汐，而海水在水平方向的流动称为潮流[8]。图 2.2 表示潮位（即海平面相对于某一基准面的铅直高度）涨落过程曲线。

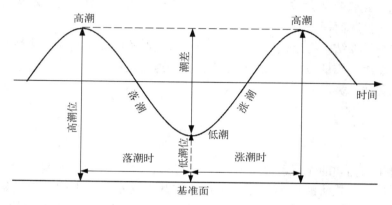

图 2.2　潮汐要素示意图[8]

图 2.2 中横坐标代表的是时间，纵坐标代表的是潮位高度。通常将海平面最高位时的潮位称为高潮位，下降到最低位时的潮位称为低潮位，一个涨落潮周期内高低潮位之差称为潮差。受到海底地形、引力等因素影响，不同地方的潮差各不相同，即使是同一个地方不同季节时间段内潮差也各不相同，但总体上潮差有着一定的周期性，呈现相对周期性变化规律。一般某个海域的潮汐规律可以通过预报得到，精度也满足工程需要。潮差给浮式防波堤系统设计造成了一定影响，特别是大潮差。大潮差直接改变浮式防波堤系泊系统水中形态，进而影响浮式防波堤锚链张力以及水面结构的运动性能和消浪性能，因此大潮差是浮式防波堤在实际工程应用过程中面临的重要环境要素之一。这是因为浮式防波堤是通过锚链系泊约束具备消浪功能的结构物，大潮差使得浮式防波堤系泊系统必须同时满足高潮位和低潮位的系泊安全，通常低潮位时锚泊系统较为松弛，浮式防波堤运动量比较大[9]，会在一定程度上降低消浪性能，而在高潮位时锚泊处于张紧状态，系泊张力安全因子不易满足规范安全系数的要求，甚至当极端恶劣天气时，因锚链设计缺陷，浮式防波堤水面主体结构被水面淹没，浮式防波堤失去消浪功能。因此，大潮差对浮式防波堤系泊系统带来的影响值得重视。

参 考 文 献

［1］　苏布拉塔·查克拉巴蒂.海洋工程手册［M］.《海洋工程手册》编译组译.北京：石油工业出版社，
　　　　2012.

［2］　竺艳蓉.海洋工程波浪力学［M］.天津：天津大学出版社，1991.

［3］　王树青，梁丙臣.海洋工程波浪力学［M］.青岛：中国海洋大学出版社，2013.

［4］　李玉成，滕斌.波浪对海上建筑物的作用［M］.北京：海洋出版社，2002.

［5］　中国船级社.中国船级社海上移动平台入级规范［S］.北京：中国船级社，2016.

［6］　李润培，王志农.海洋平台强度分析［M］.上海：上海交通大学出版社，1992.

［7］　田晓岑.潮汐现象的成因［J］.大学物理，1996，15（10）：24－27.

［8］　申宏伟.卫星高度计资料校正及基于连续函数的调和分析方法研究［D］.南京：河海大学，2006.

［9］　师艳景.大潮差海域浮式防波堤锚泊系统研究［D］.大连：大连理工大学，2013.

第三章 浮式防波堤总布置设计方法

3.1 概 述

国内浮式防波堤研究起步较晚，应用浮式防波堤的工程比较少。1962 年，南京水利科学研究所研制了应用于丹江口水库的浮式防波堤，该浮式防波堤分为两段，总长为 134 m，钢筋混凝土浮箱宽 10 m，型深 3 m，吃水 1.5 m，设计波高 2.2 m[1]。在 2002 年和 2012 年，我国在连云港的旗台山海域和福建连江县海域建成了浮式防波堤，分别用于掩护海水养殖网箱和开发海洋新牧场所用。

浮式防波堤总布置设计是一项重要且难度较大的综合性工作，总布置方案优劣直接影响防波堤实际消浪效果、掩护水域面积、工程项目总投资及后期维护费用，是浮式防波堤建设中的重要环节之一。因此，在确定浮式防波堤总布置方案时需要综合考虑以下设计条件与要求：

（1）工程区域内风、浪、流、水深、地形、地质等自然条件；

（2）掩护水域面积、消浪性能等指标要求，以及建设施工、投资等因素。

本章参考固定式防波堤总布置设计方法和工程案例，特别是《海港工程设计手册》[2]，结合浮式防波堤设计要求和自身运动特点，给出了浮式防波堤总布置基本原则和布置方法。

3.2 总布置要求与设计要素

浮式防波堤工程项目需对拟布置地区开展如下基础要素的调研工作：

（1）水文、气象、地质、地貌等自然条件；

（2）拟布置区域附近已有的浮式结构物、航道、水上锚泊区域等设施情况；

（3）海域功能区、土地、水运交通运输等相关规划[2]。

浮式防波堤总布置方案中需要明确项目业主工程建设目的和设计要求，以便设计人员依据设计要求开展工作，通常设计要求建议含下列几个方面内容：

（1）工程项目目的；

（2）工程项目投资规模；

（3）浮式防波堤消浪性能指标；

（4）浮式防波堤后所掩护结构物规模；

（5）浮式防波堤与掩护对象空间相对距离和方位；

（6）浮式防波堤堤后掩护区域范围；

（7）水域水深条件；

（8）浮式防波堤设计使用年限。

浮式防波堤总布置设计要素：

（1）浮式防波堤布置方式；

（2）浮式防波堤总长；

（3）浮式防波堤宽度；

（4）浮式防波堤水面结构吃水；

（5）单元模块长度；

（6）系泊系统初步布置方式。

3.3　总布置设计方法

3.3.1　轴线布置方式

浮式防波堤轴线布置设计时必须满足掩护水域的面积要求，为掩护水域提供对波浪的防护条件，从工程本身考虑，应力求缩短浮式防波堤的总长度，减小投资。浮式防波堤确定布置形式时需要考虑如下因素：

（1）波浪、流、风、泥沙、地形、地质等自然条件；

（2）船舶航行、泊稳和码头装卸等营运要求；

（3）浮式防波堤项目建设、施工和投资等因素；

（4）浮式防波堤消浪性能指标要求。

根据工程项目背景和项目设计要求，浮式防波堤布置方案设计原则可参考固定式防波堤总布置的部分设计原则，具体如下[2,3]：

（1）浮式防波堤的布置需综合考虑技术可行性和经济合理性，保证资源利用合理，经济效益、社会效益和环境效益良好；

（2）浮式防波堤布置要因地制宜，合理利用已有地形地质条件，宜选在地质条件好、水深合适的地方，有条件时可利用原有的海湾湾口岬角、礁石和岛屿，以便减小浮式防波堤布置总长，同时便于系泊系统海底端固定于岛礁、礁石或岛屿上，降低工程造价；

（3）浮式防波堤为浮式防护结构物，受风、浪、流和其他水文、气象因素的影响较大，不同于固定式防波堤，因此需要系泊系统约束其运动响应，因此浮式防波堤在总布置过程中需要与系泊系统可行性、便利性以及经济成本紧密结合后方可确定；

（4）根据波浪运动特点和浮式防波堤消浪机理，通常认为浮式防波堤轴线与主浪向夹角成 90°或接近 90°较为合适，以便浮式防波堤消浪性能最大化，如当地主浪向为多个浪向时宜兼顾多个浪向，以保证整体消浪效果；

（5）浮式防波堤布置方案应简洁，不建议选用过于复杂布置形式，以免不利于后期浮式防波堤主体结构的建造、运输与安装，当前海工企业建造技术特点和能力都偏向建造结构规整型结构；

（6）确定浮式防波堤总长时需考虑波浪的绕射现象，浮式防波堤总长度应满足消浪性能要求，避免因波浪绕射造成掩护水域波面不足；

（7）浮式防波堤布置水深要满足浮式防波堤水深最低要求，避免极端低水位时高海况下浮式防波堤底部触碰海底；

（8）浮式防波堤总布置方案应考虑后续系泊系统布置方案的可行性、便利性和工程造价；

（9）浮式防波堤的口门尽可能选择在水深较大处，并与进港航道方向相协调，航道入口门的方向与强浪向、强流向的夹角不宜过大，口门的方向、位置以及大小须结合港内规模等因素进行综合考虑确定；

（10）浮式防波堤布置方式可借鉴固定式防波堤布置方式，如图 3.1 所示，采用直线型或折线型的布置方式。

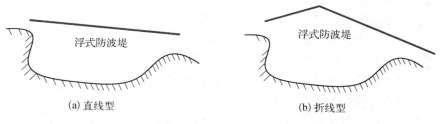

(a) 直线型　　　　　　　　　　　　　　　(b) 折线型

图 3.1　浮式防波堤布置方式

上述各布置原则有时是矛盾的，因此在具体浮式防波堤布置中应采用多套总布置方案进行对比论证后获得最优方案。

3.3.2　总布置长度设计方法

波浪传播过程中遇到障碍物，如防波堤、岛屿或者大型墩柱时，除可能在障碍物前产生波浪反射外，还将绕过障碍物继续传播，并在掩蔽区内发生波浪扩散，这种现象称为波浪绕射[4]。波浪的绕射本质上是波能从高密度区向低密度区扩散的过程，因此，绕射区域内波浪的同一波峰线上的波高分布是不均衡的，越深入掩护区域内的波高越小，但波浪周期基本保持不变。波高的分布上受障碍物结构尺度和波浪波长影响，因此，在设计浮式防波堤总长时需要考虑波浪绕射现象。为了保证浮式防波堤具备足够掩护水域，避免因波浪绕射现象造成掩护区域不够的现象，因此为解决因波浪绕射所产生的问题，浮式防波堤堤长通常需要布置足够长，进而增大堤后的掩护水域面积，从而解决上述问题。

目前关于浮式防波堤的绕射现象研究极少，同时浮式防波堤的绕射现象与浮式防波堤自身的构型形式、运动幅度、系泊方式都有关系，当浮式防波堤在风浪作用下运动幅度极小时，其绕射系数与固定式防波堤接近，当运动幅度增大时浮式防波堤辐射系数也会增大，因此为了设计简便，本书浮式防波堤设计长度在借鉴固定式防波堤长确定方法基础上，乘以一定的安全系数来进行计算，从而保证浮式防波堤具备足够的堤长长度。根据《海港水文规范》（JTS 145 - 2 - 2013）中附录 J 规则波绕射系数 J.0.1.2 直立堤后绕射系数计算公式[5]，可按照如下公式计算。

对于 $\theta \leqslant \theta_0$ 时掩护区：

$$K_d = \frac{1}{2}\left\{\exp\left[-\frac{1}{2}\left(\frac{r}{L}\right)^{m/2}(\theta_0 - \theta)\right] + \exp\left[-1.9\left(\frac{r}{L}\right)^{1/6}(1 + \theta_0 - \theta)\theta_0^{1/4}\right]\right\} \tag{3.1a}$$

$$m = 1 - \frac{7}{50}(\theta_0 - \theta) \tag{3.1b}$$

对于 $\theta \geqslant \theta_0$ 的开敞区：

$$K_d = 1 - \frac{n}{2}\left\{1 - \exp\left[-1.9\left(\frac{r}{L}\right)^{1/6}\theta_0^{1/4}\right]\right\} \tag{3.2a}$$

$$n = \exp\left[-1.5\left(\frac{r}{L}\right)^{1/2}(\theta - \theta_0)^2\right] \tag{3.2b}$$

或查询附录 J.0.3 岛式防波堤后规则波绕射系数图 J.0.3.1~J.0.3.6[5]，如图 3.2 所示，图中 l 为浮式防波堤的长度，L_s 为设计波浪波长，θ_0 为波浪入射角。

$$L_{all} = K_0 L_0 \tag{3.3}$$

式中，K_0 为安全系数，建议取 1.05~1.2；L_0 为根据绕射系数图确定的浮式防波堤堤长；L_{all} 为浮式防波堤最终堤长。

上述方法针对浮式防波堤堤长设计方案初始阶段是可行的，但需要浮式防波堤初步设计完成后通过数值模拟和物理模型试验进一步校核和修订堤长长度，以保证具备足够的掩护区域。

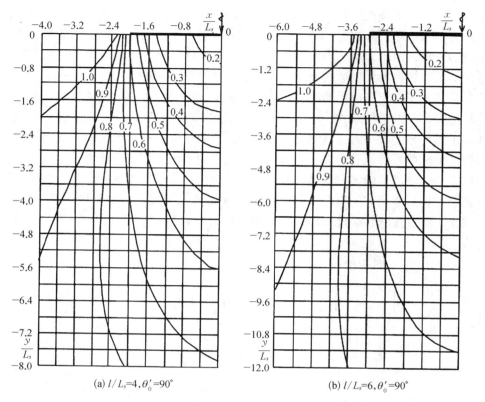

(a) $l/L_s=4, \theta_0'=90°$　　　　　　　(b) $l/L_s=6, \theta_0'=90°$

图 3.2　岛式防波堤绕射系数图[5]（单位：m）

3.3.3　堤宽以及型深设计方法

　　浮式防波堤消浪性能与结构物的堤宽和型深密切相关，其中相对堤宽（B/L，B 为堤宽，L 为波浪波长）是控制浮式防波堤消浪性能的关键参数。在进行初步设计时应首先考虑相对堤宽的设计取值，现有研究结果表明 B/L 值一般不小于 1/6，否则很难起到消浪效果[1]。浮式防波堤总体设计方案中需要根据消浪指标要求确定浮式防波堤初始堤宽值，然后再开展后期的设计工作，最终通过物理模型和数值模型进一步校核和修正堤宽取值。

　　根据当前的研究结果，消浪性能与防波堤相对堤宽（B/L）、相对吃水深度（D/d，D 为结构吃水，d 为水深）、系泊系统类型、系泊刚度、结构相对吃水比、浮式防波堤运动固有属性等参数密切相关，特别是浮式防波堤系泊系统刚度、相对堤宽（B/L）对消浪性能影响很大。因此目前尚未有能完全考虑各种系泊系统约束下和波浪非线性效应的多参数浮式防波堤波浪透射系数 K_t 表达式。基于一定假定，一些学者提出了 K_t 与堤宽 B 和型深的经验型或解析解以及各种构型消浪性能图，本书基于上述研究成果，进行了归纳整理，具体如下。

1. 经验性公式

浮式防波堤结构形式众多，但只有少数结构形式有解析解，同时浮式防波堤的消浪性能受浮式防波堤相对结构尺寸、系泊系统类型、系泊刚度等因素影响，因此通过模型试验得出的波浪透射系数与堤宽的经验性公式较为普遍[6]。众多研究机构和大学在这方面做了较多的研究工作。

Morey[6,7] 对锚链约束下方箱型浮式防波堤不规则波浪物理模型试验数据，提出了以入射波高 H、波长 L、水深 d、浮箱宽度 B、ρ 为水体密度（kg/m³）、单位长度防波堤质量 M 和系泊系统刚度 K_m（N/m）等参数为控制参数的波浪透射系数经验型计算公式：

$$K_t = 0.126 \left(\frac{d}{L} \right)^{0.151} \left(\frac{B}{L} \right)^{-0.437} \left(\frac{K_m}{g\rho L^2} \right)^{-0.192} \tag{3.4}$$

何超勇等[8] 对系泊系统约束方箱型浮式防波堤进行了系列规则波模型试验，提出了以相对堤宽（B/L）、相对吃水深度（D/d，D 为结构物吃水，d 为水深）、锚链初张力 f_0 为控制参数的透射系数经验型表达公式。

$$K_t = 0.033\,6 \left(\frac{D}{d} \right)^{-0.913} \left(\frac{B}{L} \right)^{-0.523} \left(\frac{f_0}{f_1} \right)^{-0.208} \tag{3.5}$$

式中，f_0 为锚链初始张力（N），其值由导缆孔处锚链与竖直线夹角等决定；$f_1 = \rho g S A$，S 为模型迎浪面面积，A 为入射波波幅。

P. Ruol 等[9] 对锚链锚固的 π 型浮式防波堤进行了系列不规则波浪物理模型试验研究，基于 Macagno 理论公式，引入相对周期（T_x 波浪谱周期与浮箱升沉固有周期的比值）参数，得出了波浪透射系数的计算公式，即：

$$K_t = \beta(T_x) K_{t,\text{Macagno}} \tag{3.6}$$

$$\beta(T_x) = \left\{ 1 + \left(\frac{T - 0.791\,9}{0.192\,2} \right) \exp\left[-\left(\frac{T - 0.791\,9}{0.192\,2} \right)^2 \right] \right\}^{-1} \tag{3.7}$$

$$T_x = \frac{T_p}{2\pi} \sqrt{\frac{g}{D + 0.35B}} \tag{3.8}$$

其中，$K_{t,\text{Macagno}}$ 为 Macagno 提出的波浪透射系数计算式；T_x 为相对周期；T_p 为波浪谱周期；D 为浮箱吃水深度（包括底部插板高度，m）；B 为堤宽。

2. 理论推导公式

部分学者将浮式防波堤水动力问题简化成波浪与二维尺度固定方箱相互作用

问题[10]，利用线性波浪理论采用分区方法加以求解，考虑了结构宽度 B、水深 d、波数 k 对波浪透射系数 K_t 的影响，得出了相应的解析结果，如图 3.3 所示。

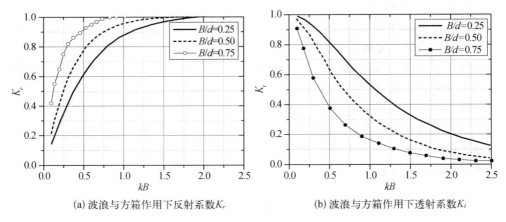

(a) 波浪与方箱作用下反射系数 K_r　　　(b) 波浪与方箱作用下透射系数 K_t

图 3.3　波浪作用下方箱（固定）反射与透射系数[10]

基于浮式防波堤堤顶无波浪越浪、方箱型防波堤刚性固定假定，Macagno 等[11]利用线性波浪理论推导了波浪透射系数解析计算公式：

$$K_t = \frac{1}{\sqrt{1 + \left[\dfrac{kB\sinh(kh)}{2\cosh(kd-kD)}\right]^2}} \tag{3.9}$$

式中，K_t 为波浪透射系数；k 为入射波浪波数；B 为防波堤堤宽；D 为结构吃水；d 为水深。

Drimer 等[12]基于二维势流理论，考虑了方箱纵移、升沉和横摇三运动分量引起的辐射势（图 3.4），求解纵移运动分量时考虑了线性锚链力的影响，给出了有限水深条件下方箱型浮式防波堤二维尺度线性简化解析解，其结果与完全线

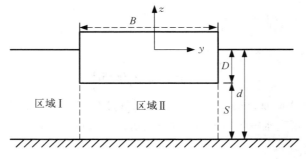

图 3.4　防波堤二维断面布置图[12]

性数值计算结果吻合较好，具体表达形式如下：

$$K_t = \frac{i\omega}{g}(2a_{7,0}T - X_2 b_{2,0} + X_3 a_{3,0} - X_4 b_{4,0})f_0(0)\,\mathrm{e}^{-ikB} \qquad (3.10)$$

$$a_{7,0} = \frac{-iag}{2\omega f_0(0)} \qquad (3.11)$$

$$f_n = \frac{\sqrt{2}\cosh[k_n(z+d)]}{[d - s^{-1}\sinh^2(k_n d)]} \quad (n = 1,\ 2,\ 3,\ \cdots) \qquad (3.12)$$

$$a_{3,0} = \frac{\omega B U_0}{2kS} \qquad b_{4,0} = A_0 + \frac{iU_0 C}{k} \qquad (3.13)$$

式中，X_i 为 i 方向浮体运动响应幅值，横移 $i=2$，升沉 $i=3$，横摇 $i=4$；ω 为角频率；K_t 为浮式防波堤透射系数。根据上述计算方法模拟得到了二维尺度方箱型浮式防波堤，浮式防波堤消浪性能数值曲线如图 3.5~图 3.7 所示。

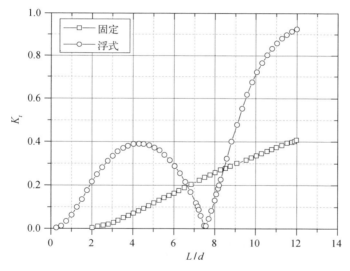

图 3.5　固定与浮式工况下透射系数值[12]

（$B/d = 2$，$D/d = 0.7$，$GM/d = 0.1$，$KG/d = 0.72$；GM 为防波堤的转动半径，
KG 为浮式防波堤重心高度）

　　为方便计算，参考工程规范中常采用图表形式给出参数变化规律，本书将当前九种浮式防波堤构型透射系数与相对堤宽 B/L 的相对关系进行了对比分析。各种防波堤构型示意图如图 3.8 所示。设计人员可以根据各自的构型需求，参考图中的相对堤宽与透射系数变化曲线，通过查询图中各曲线，确定相对堤宽值以及堤宽。浮式防波堤的透射系数受系泊张力、系泊类型以及结构的吃水、自身惯性量

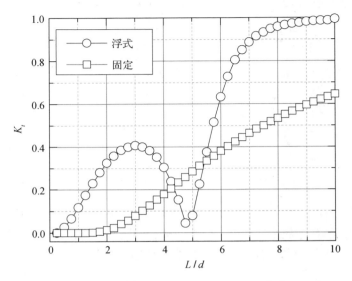

图 3.6　固定与浮式工况下透射系数值[12]

(B/d = 1.4，D/d = 0.5，GM/d = 0.1，KG/d = 0.48)

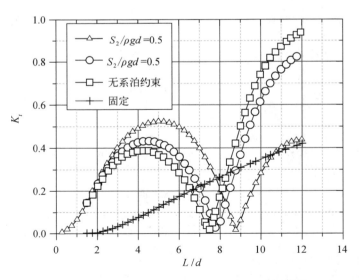

图 3.7　线性系泊约束下浮式防波堤透射系数[12]

(B/d = 2，D/d = 0.7，GM/d = 0.1，KG/d = 0.72，

S_2 线性弹簧刚度)

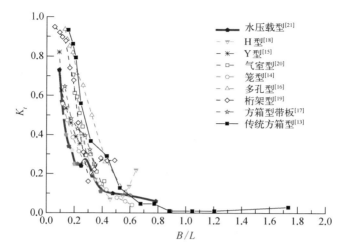

图 3.8　各种构型浮式防波堤消浪性能对比图[13-21]

（B 为浮式防波堤堤宽，L 为波浪波长，K_t 为透射系数）

等参数控制，因此各种构型的透射系数 K_t 与堤宽 B 的变化规律并不固定，在某些工况下透射系数会发生改变。

方箱型防波堤[13]、笼型防波堤[14]、Y 型浮式防波堤[15]、多孔浮式防波堤[16]、方箱型基础上加板[17]、H 型防波堤[18]、含桁架结构浮式防波堤[19]、气室型[20]、水压载型[21]浮式防波堤结构如图 3.9 所示。

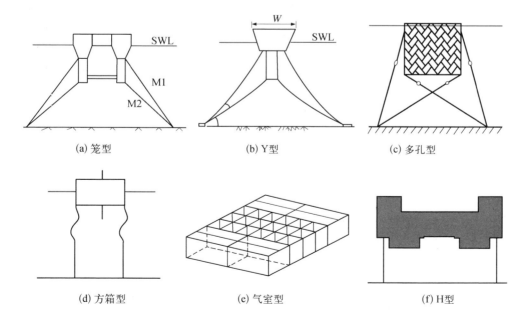

（a）笼型　　　　　　（b）Y型　　　　　　（c）多孔型

（d）方箱型　　　　　　（e）气室型　　　　　　（f）H型

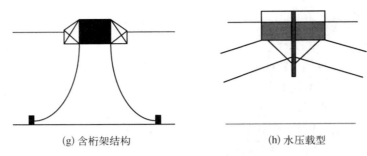

(g) 含桁架结构　　　　　　　　　　　(h) 水压载型

图 3.9　各种构型浮式防波堤构型示意图[21]

3.3.4　浮式防波堤与掩护物间距设计方法

实际海洋中波浪与浮式结构物相互作用属于三维问题，存在绕射现象，在浮式防波堤堤后部分区域内依旧存在波浪，因此浮式防波堤与掩护物间距是影响消浪性能的因素之一。根据波浪入射角、浮式防波堤堤长以及掩护物尺寸选取合适间距是决定最终消浪效果优劣的重要因素之一。

浮式防波堤最终消浪效果受波浪入射角、波浪周期、结构形式、海底地形以及系泊刚度等因素影响，堤后波浪分布规律难以用统一的表达形式体现。根据流体力学知识和波浪绕射规律可知，波浪与浮式防波堤轴线成 90°时，浮式防波堤与掩护物距离较短时掩护效果较好，距离越远波浪绕射现象越严重。由于浮式防波堤自身在做六自由度运动，浮式防波堤后波面存在空间分布的不均衡性，特别是在浮式防波堤堤后由于非传播模态波浪在防波堤堤后一定区域内某些点波面升高，因此浮式防波堤与掩护物间距设计需要规避上述波面不稳定区域。

当前对于浮式防波堤与掩护间距距离一般先通过经验确定后，然后依靠数值模拟方法模拟或者物理模型试验校核与修订后确定。间距的设计初始值为了设计简便，可借鉴《海港水文规范》（JTS 145 – 2 – 2013）附录 J.0.3 岛式防波堤后规则波绕射系数图 J.0.3.1~J.0.3.6[5] 中的防波堤堤长与堤后掩护物距离关系后确定，如图 3.10 所示，图中 l 为浮式防波堤的长度，L_s 为设计波浪波长，θ_0 为波浪入射角。浮式防波堤绕射系数亦是借用数值方法进行数值仿真，如 Boussinesq 方程、势流方法、计算流体力学（computational fluid dynamics，CFD）方法，但因涉及三维模拟计算量都比较大，计算结果需要试验或者解析结果进行校核和修正。图 3.11 与图 3.12，展示了水深为 40 m，规则波波周期为 10 s，波高为 4 m，固定状态方箱型防波堤与采用 CFD 方法数值计算的浮动状态方箱型防波堤堤后波高分布规律，其中堤长为 1 000 m，图中的数值为堤后波高与堤前入射波高之比。

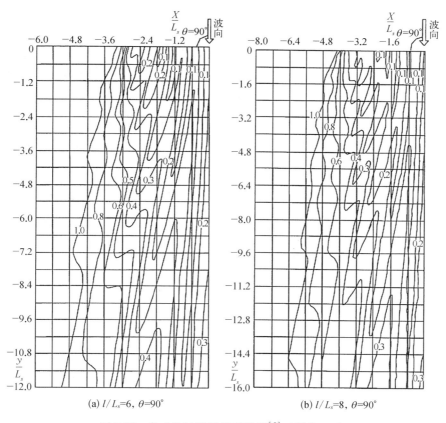

(a) $l/L_s=6$, $\theta=90°$ (b) $l/L_s=8$, $\theta=90°$

图 3.10 岛式防波堤绕射系数图[5]（单位：m）

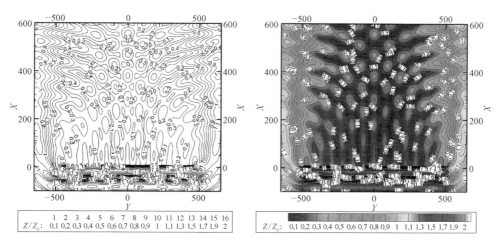

图 3.11 直线型布设方箱固定状态防波堤绕射系数

（工况 $T=10$ s、$H=4$ m CFD 模拟结果）

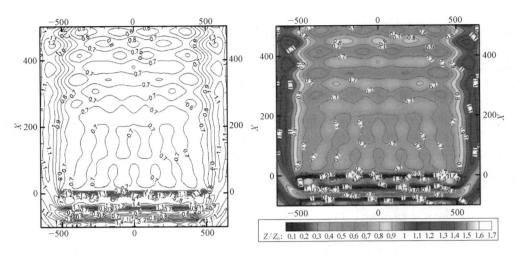

图 3.12　直线型布设方箱浮式防波堤堤后波高分布系数

（工况 $T=10$ s、$H=4$ m CFD 模拟结果堤后波高分布系数=堤后波高/入射波高）

由数值模拟结果可知，浮式防波堤运动响应对消浪性能影响较大，特别是横荡和横摇运动，同周期下固定式防波堤与浮式防波堤在大周期波浪下消浪性相差能达到 2 倍。

3.3.5　吃水设计方法

不同类型浮式防波堤消浪性能机理差异较大，主要消浪方式表现在以下几个方面：

（1）利用结构物断面造成波能反射。

（2）入射波浪和结构自身运动所产生波列间的抵消、利用水质点与结构物摩擦、扰流等改变水质点的原有规律性运动等。

（3）根据线性波浪理论水质点的运动规律可知，增大结构物吃水可以增加对波浪的反射作用，可以在一定程度上提升浮式防波堤消浪性能[22]，但由于水质点运动沿水深分布的特点，当吃水增加到一定幅度后，消浪性能提升又非常有限。设计吃水确定方法同样可采用经验性公式或者解析解方法，具体表达形式可以参考 Mei、Macagno 等的经验性公式以及 Drimer 给出的解析解。这部分研究成果已在本章 3.3.3 节论述，此处不再叙述。此外，浮式防波堤处于系泊缆索的约束状态，但是在极端海洋环境下（生存工况）其运动响应值仍旧较大，因此为了防止浮式防波堤发生触底碰撞，设计吃水与型深还需满足以下约束条件：

$$C_1(D + D_1) < d \tag{3.14}$$

式中，d 为浮式防波堤布置海域水深；D 为浮式防波堤设计吃水；C_1 为安全系数，建议取值为 1.6~2.0；D_1 为极端工况下（生存工况）下浮式防波堤的升沉和横摇运动所产生水深方向最大值。

3.3.6　单元模块长度设计方法

根据当前常见海洋结构物尺寸分析，船舶与海洋工程业界浮体结构物主尺度基本在 500 m 以内，例如世界主力油轮 Knock Nevis 型船长在 458 m，主力型集装箱 MARSK Mc－Kinney Moller 号船长 399 m。如果浮式防波堤设计成一个没有间断的完整单体结构，其所受波浪载荷、系泊系统张力以及结构内部弯矩和剪力都将十分巨大，因此浮式防波堤必须设计成多模块连接的形式。一般而言单模块设计长度受制于多种因素，是多参数共同决定的结果，通常由下列因素决定：

（1）浮式防波堤功能对堤长的要求；

（2）水动力性能要求，堤长过长会造成在波浪载荷下水弹性效应明显，不利于结构安全和消浪，因此水动力性能对堤长有限制；

（3）结构强度要求，浮式防波堤单元构型过长，需要大幅度增加结构抗弯剖面系数或者选用高强度钢材；

（4）建造要求和运输安全要求；

（5）工程造价的限制等。

总体而言浮式防波堤单元模块尺寸与浮式防波堤系统消浪性能、运动性能、连接器造价、锚链数量、建造要求以及工程造价等因素密切相关，单模块堤长过短会导致模块数量过多将急剧提升工程造价以及系泊锚链数量，而单模块堤长过长将增加系泊系统设计难度，不利于系泊安全。因此，浮式防波堤单模块长需要综合考虑浮式防波堤总长度、单元模块数量、连接器造价、结构强度和挠度以及建造便利性等要求综合确定。当前国内外文献关于浮式防波堤单元模块长度的计算方法论述较少，为了便于工程设计人员确定单元模块浮式防波堤堤长，本书借鉴船舶总纵强度计算方法，提出了两种浮式防波堤堤长确定方法。

浮式防波堤系统由多个模块采用刚性或者弹性连接结构连接而成，在海上服役过程中，要承受各种外力（如重力、浮力摇摆时的惯性力、波浪载荷等），因此在分析浮式防波堤时，忽略防波堤单元间的弹性变形，将单个浮式防波堤模块简化成两端简支承受波浪载荷的单跨度空心梁，基于该假设，浮式防波堤的模块长度设计值上限可分别采用最大挠度许可方法或者剖面模数最小值方法来确定，即满足以下两种要求之一：

（1）单跨度简支梁的变形量或者挠度值满足许可值要求；

（2）单跨度简支梁总纵剖面模数满足许可值。

具体如式（3.15）和式（3.16）所示。

$$f_c \leqslant [f]_{许可} \tag{3.15}$$

$$W_c \geqslant W_{\min} = \frac{M_{总纵}}{[\sigma]_{许可}} \tag{3.16}$$

式中，f_c 为浮式防波堤单元结构最大挠度；$[f]_{许可}$ 为浮式防波堤单元结构许可挠度；$M_{总纵}$ 为浮式防波堤单元结构堤长方向波浪弯矩；$[\sigma]_{许可}$ 为浮式防波堤单元弯曲许可应力；W_c 为浮式防波堤单元结构剖面模数；$W_{\min}$ 为浮式防波堤单元结构最小剖面模数。因此具体方法如下。

1. 最大挠度许可方法

浮式防波堤系统由多个模块采用刚性或者弹性连接结构连接而成，因此将浮式防波堤单元模块简化成两端简支梁，如图 3.13 所示。基于材料力学求解载荷

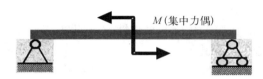

图 3.13　简支梁示意图

作用下简支梁挠度计算方法求解结构的最大变形量。采用设置结构最大挠度标准值方式，在结构材料 E 和浮式防波堤横断面结构转动惯量 I 已定的情况下，确定结构长度 l 与最大挠度的变化关系，从而确定单元构型浮式防波堤最大长度。

浮式结构物与波浪之间相对位置时时刻刻都在变化，因此浮式结构物运动与波浪载荷整体上是变化的。波浪载荷主要随波浪长、波高、浮式结构物尺寸和结构物与波浪的相对位置而变化，计算波浪弯矩有下述两大类方法：

（1）基于流体力学直接计算浮式防波堤单元波浪载荷；

（2）波浪载荷统计回归经验性公式计算波浪载荷。

为了便于快速计算结构物特征长度上限值，参考《船舶设计使用手册（第3版）·结构分册》[23] 的经验性波浪载荷计算方法。波浪载荷作用下防波堤中部中垂与中拱波浪弯矩计算表示如下：

防波堤中剖面处中垂波浪弯矩（N·m）为

$$M_{\text{WO-sag}} = - K_1 C L^2 B (C_B + 0.7) \tag{3.17}$$

防波堤中部剖面中拱波浪弯矩（N·m）为

$$M_{\text{WO-Hog}} = K_2 C L^2 B C_B \tag{3.18}$$

式中，$K_1 = 110$；$K_2 = 190$；C 为系数，根据下列表示计算：

当 $l < 90\,\text{m}$，$C = 0.0412L + 4$；当 $90 \leqslant l \leqslant 300\,\text{m}$，$C = 10.75 - \left(\dfrac{300 - L}{100} \right)^{\frac{3}{2}}$，

因此 C 在 90 m 内取值范围为 4~7.7，大于 90 m 时是 7.7~10.75。

沿长度分布的波浪诱导弯矩值 M_w（kN·m）为

$$M_w = C_f M_{w0} \tag{3.19}$$

式中，C_f 为系数，如图 3.14 所示。

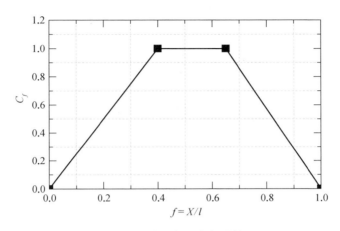

图 3.14 波浪弯矩分布系数

基于叠加原理，在线弹性变形的前提假定下梁在典型载荷作用下挠度计算方法可知，结构在波浪载荷下的结构挠度最大值 f_c 为

$$f_c = \frac{M_w l^2}{16EI} \tag{3.20}$$

式中，f_c 为挠度；l 为结构物的长度；E 为结构物的弹性模量；I 为结构物的截面惯性矩。因此，通过上述方法建立了单模块结构物长度 l 与结构物挠度变形的关系。

$$\frac{M_w l^2}{16EI} = f_c \leqslant [f]_{上限值} \tag{3.21}$$

$$l_{设计值} \leqslant [l]_{上限值} = \left[\frac{16EI[f]_{上限值}}{M_w} \right]^{\frac{1}{2}} \tag{3.21a}$$

$$f_{上限值} = \left(\frac{1}{500} \sim \frac{1}{250} \right) l \tag{3.21b}$$

此处挠度的上限值 $f_{上限值}$ 参考相关工程经验，可取为结构长度 l 的 1/500~1/250[24]。

2. 剖面模数最小值方法

将浮式防波堤单元模块简化成两端简支约束的刚性梁。在简支梁结构基础上求解简支梁在环境载荷作用下结构应力，利用结构内力强度要求，即：

$$\frac{M_u}{W} = \sigma \leqslant \sigma_{极限} = k_{材料}\sigma_{屈服} \tag{3.22}$$

式中，M_u 为简支梁的弯矩；W 为简支梁的抗弯截面系数；$k_{材料}$ 为安全系数。

参考船体结构规范中极限弯矩的计算方法，计算公式如下：

$$M_u = \sigma_s W_{yh} \times 10^{-1} \tag{3.22a}$$

$$W_{yh} = KLBD(C_b + 1.2) \tag{3.22b}$$

$$L \leqslant \frac{10k_{材料}\sigma_{屈服}}{\sigma_s KBD(C_b + 1.2)} \tag{3.23}$$

式中，L 为浮式防波堤长度；B 为宽度；D 为吃水；K 为系数，$K = \dfrac{2.2}{L^{0.26}}$；$\sigma_s$ 为剖面距轴最远点刚性材料的屈服强度，单位 MPa[25]。

参 考 文 献

[1]　王环宇. 多孔浮式防波堤的实验研究与数值模拟[D]. 大连：大连理工大学，2010.

[2]　中交第一航务工程勘察设计院有限公司. 海港工程设计手册[M]. 2 版. 北京：人民交通出版社，2018.

[3]　冯士筰，李凤岐，李少菁. 海洋科学导论[M]. 北京：高等教育出版社，1999.

[4]　邹志利. 海岸动力学[M]. 4 版. 北京：人民交通出版社，2011.

[5]　JTS 145-2-2013. 海港水文规范[S]. 北京：中华人民共和国交通运输部，2013.

[6]　Bradley J, Morey B. Floating breakwaters predicting their performance[D]. St. John's：Memorial University of Newfoundland，1998.

[7]　沈雨生，周益人，潘军宁，等. 浮式防波堤研究进展[J]. 水利水运工程学报，2016（5）：124-132.

[8]　何超勇，王登婷，冯卫兵. 矩形方箱浮式防波堤消浪性能研究[J]. 水运工程，2014（1）：14-18.

[9]　Ruol P, Martinelli L, Pezzutto P. Formula to predict transmission for pi-type floating breakwaters[J]. Journal of Waterway Port Coastal and Ocean Engineering，2013，139（1）：1-8.

[10]　滕斌. 波浪对海上结构物的作用[M]. 北京：海洋出版社，2002.

[11]　Bouwmeester E C, van der Breggen H M. Floating breakwaters[R]. Delft：Delft University of Technology，1984.

[12]　Drimer N, Agnon Y, Stiassnie M. A simplified analytical model for a floating breakwater in water of finite depth[J]. Applied Ocean Research，1992，14（1）：33-41.

[13]　Chen Z J, Wang Y X, Dong H Y, et al. Time-domain hydrodynamic analysis of pontoon-plate floating breakwater[J]. Water Science & Engineering，2012，5（3）：291-303.

[14]　Murali K, Mani J S. Performance of cage floating breakwater[J]. Journal of Waterway Port Coastal and Ocean Engineering，1997，123（4）：172-179.

[15]　Mani J S. Design of Y-frame floating breakwater[J]. Journal of Waterway Port Coastal and Ocean Engineering，1991，117（2）：105-119.

[16]　Wang H Y, Sun Z C. Experimental study of a porous floating breakwater[J]. Ocean Engineering，2010，

37：520－527.

［17］　Koraim A S, Rageh O S. Effect of under connected plates on the hydrodynamic efficiency of the floating breakwater［J］. China Ocean Engineering, 2014, 28 （3）：349－362.

［18］　Uzaki K, Ikehata Y, Matsunaga N. Performance of the wave energy dissipation of a floating breakwater with truss structures and the quantification of transmission coefficients［J］. Journal of Coastal Research, 2011, 27 （4）：687－697.

［19］　He F, Huang Z, Law A W K. Hydrodynamic performance of a rectangular floating breakwater with and without pneumatic chambers：An experimental study［J］. Ocean Engineering, 2012, 51：16－27.

［20］　Koraim A S, Rageh O S. Effect of under connected plates on the hydrodynamic efficiency of the floating breakwater［J］. China Ocean Engineering, 2013, 28 （3）：349－362.

［21］　Yang Z W, Xie M X, Gao Z L, et al. Experimental investigation on hydrodynamic effectiveness of a water ballast type floating breakwater［J］. Ocean Engineering, 2018, 167：77－94.

［22］　Jian D, Chien M W, Tomoak U, et al. Review of recent research and developments on floating breakwaters ［J］. Ocean Engineering, 2018, 158：132－151.

［23］　中国船舶工业集团公司. 船舶设计实用手册（结构分册）［M］. 3 版. 北京：国防工业出版社, 2013.

［24］　孙训方，方孝淑，关来泰. 材料力学［M］. 北京：高等教育出版社, 2003.

［25］　崔杰，李佳，陈莹玉. 水下爆炸冲击波作用下舰船总纵强度工程预报方法［J］. 噪声与振动控制, 2015, 35 （6）：110－114.

第四章 浮式防波堤消浪机理和构型设计

4.1 概　　述

浮式防波堤消浪性能是评价浮式防波堤构型优劣的重要指标，因此从浮式防波堤发明以来，国内外众多学者对其开展了相关的研究工作。目前研究浮式防波堤消浪性能的数值方法一般分成两类：第一类利用势流理论，基于无旋无黏的假定，通过添加线性化的自由面条件、物面条件、海底条件以及无穷远边界条件，求解拉普拉斯（Laplace）方程，利用线性化的伯努利方程求解得到结构物表面的波浪载荷和结构物附近波浪场[1]；第二类方法利用求解 N-S 方程，基于当前计算流体动力学（computational fluid dynamics，CFD）技术的快速发展，利用数值波浪水槽/水池建立浮式防波堤的水动力响应数值模拟，利用数值水槽/水池求解波浪场和结构物载荷，上述方法可以考虑流场的黏性效应。上述两种方法各有优缺点，第一类方法求解较为简便，利用时域格林和边界元方法的特点，只需要在物体表面和自由液面等处布置网格，因此计算域相对第二种方法较小，耗时较少，计算速度快。但此方法不能考虑黏性效应、涡等现象，对于自由面的捕捉、波浪的非线性和黏性也没有第二类方法精准，因此求解精度相比第二种方法低。第二类方法基于 N-S 方程需要在全波浪场范围内划分网格和设置动网格或者嵌套网格，并且需要对剖分网格尺寸和模拟步长做验证，因此耗时较多，计算量较大，但是计算精度相对更精准，目前越来越多的学者采用此方法取得了有意义的研究成果。为了便于说明浮式防波堤的消浪原理和阐述构型设计思路，本章采用基于势流理论基础，通过水动力学基本方程模拟方箱型浮式防波堤和波浪的相互作用以及浮式防波堤周围的波浪场，进而阐述各种构型的设计思路和优缺点。

当前时域方法有间接时域法和直接时域法，间接时域法是由 Cummins（1962）提出的方法，将速度势分成入射势、绕射势以及浮体自身运动产生的辐射势，利用频域格林函数求解得到频域下的波浪力、附加质量和辐射阻尼，通过傅里叶变换求解得到时域下的波浪作用力、附加质量和迟滞函数，最后通过浮体时域运动方程，采用 Runge‐Kutta 法求解浮体的运动响应。直接时域法是采用时域格林函数直接建立时域内的积分方程，求解得到每个时间步长的波浪力，进而求解浮体运动方程得到运动响应，直接时域方法求解过程中不再将速度势分成绕射势、辐射势。本章重点介绍直接时域法和间接时域法描述浮式防波堤的消浪机理。

4.2　浮式防波堤波浪场

浮式防波堤构型众多，总体上分为两类，第一类为单浮体结构物，第二类为双浮体结构物，为了便于说明问题，选取单浮体方箱型浮式防波堤为例进行分析。方箱型浮式防波堤构型如图 4.1 所示，结构吃水为 D，水深为 d，方箱宽度为 B。基于流体是不可压缩、均匀、无黏、无旋假定，通过线性化的自由面条件、不透水海底条件、无穷远的辐射条件将无穷解的拉普拉斯方程转换为定解问题。

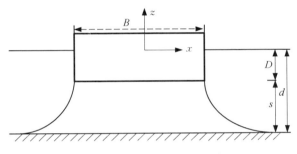

图 4.1　方箱型浮式防波堤示意图

4.2.1　直接时域法

计算区域内，速度势满足拉普拉斯方程[2]。
控制方程：

$$\nabla^2 \Phi = 0 \tag{4.1}$$

基于线性假定，将总速度势 Φ 分成两部分，第一部分是入射势 Φ_I，第二部分是散射势 Φ_s：

$$\Phi = \Phi_I + \Phi_s \tag{4.2}$$

有限水深入射速度势：

$$\Phi_I(x,\ z) = \frac{gA\cosh k(z+d)}{\omega\cosh kd}\sin(kx - \omega t) \tag{4.3}$$

式中，A 为波浪振幅；g 为重力加速度；k 为波浪波数；t 为时间；ω 为入射波浪频率。散射速度势满足线性化自由液面运动学和动力学边界条件：

$$\frac{\partial \Phi_s}{\partial z} - \frac{\partial \eta_s}{\partial t} = 0$$

$$\frac{\partial \Phi_s}{\partial t} + g\eta_s = 0 \tag{4.4}$$

线性化物体面条件：

$$\frac{\partial \Phi_s}{\partial n} = V_n - \frac{\partial \Phi_I}{\partial n} \tag{4.5}$$

式中，V_n 为物体表面法向速度；n 为物体表面单位方向矢量。

海底条件：

$$\frac{\partial \Phi_s}{\partial z} = 0 \ (z = -d) \tag{4.6}$$

无穷远辐射条件：

$$\frac{\partial \eta_s}{\partial t} = \frac{\partial \Phi_s}{\partial z} - \nu(r)\eta_s$$

$$\frac{\partial \Phi_s}{\partial t} = -g\eta_s - \nu(r)\Phi_s \tag{4.7}$$

式中，$\nu(r) = \begin{cases} \alpha\omega\left(\dfrac{r-r_0}{L}\right)^2, & r_0 \leqslant r \leqslant r_0 + \beta L \\ 0, & r < r_0 \end{cases}$

α 为阻尼系数，β 为宽度系数，L 为波浪特征波长。为了提高阻尼区域计算效率，需要选择合适的系数使散射势波浪完全被吸收，Bai 和 Teng[3] 在计算时均选取 1.0。在自由表面，初始条件如下：

$$\Phi_s \Big|_{t=1} = 0, \quad \frac{\partial \Phi_s}{\partial t}\Big|_{t=0} = 0$$

$$G(P, \ Q) = \frac{1}{2\pi}\left[\ln\left(\frac{1}{l}\right) + \ln\left(\frac{1}{l_1}\right)\right] \tag{4.8}$$

式中，l 是场点 p 和源点 Q 之间的距离；l_1 是指场点 p 和 Q 点关于海底镜像之间距离。作为格林函数，对散射势和格林函数 G 利用格林第二定律，可以得到关于计算域边界上速度势函数的边界积分方程：

$$\alpha_0 \Phi_s(P) = \iint_S \left[\Phi_s(Q)\frac{\partial G(P, \ Q)}{\partial n} - G(P, \ Q)\frac{\partial \Phi_s(Q)}{\partial n}\right]\mathrm{d}s \tag{4.9}$$

式中，α_0 为固角系数；S 为积分边界包括水中的平均物面表面和物体到阻尼层外边界的有限静水面。将上述按照未知量重新整理，分成以下两种表达形式。

当源点在物体表面上，可以写成：

$$\alpha_0 \Phi_s + \iint_{S_b} \Phi_s \frac{\partial G}{\partial n} ds - \iint_{S_f} G \frac{\partial \Phi_s}{\partial n} ds = \iint_{S_b} G \frac{\partial \Phi_s}{\partial n} ds - \iint_{S_f} \Phi_s \frac{\partial G}{\partial n} ds \quad (4.9a)$$

当源点自由面上，表达式可写为：

$$\iint_{S_b} \Phi_s \frac{\partial G}{\partial n} ds - \iint_{S_f} G \frac{\partial \Phi_s}{\partial n} ds = \iint_{S_b} G \frac{\partial \Phi_s}{\partial n} ds - \iint_{S_f} \Phi_s \frac{\partial G}{\partial n} ds - \alpha_0 \Phi_s \quad (4.9b)$$

在上述两个表达式中，方程的左端均为未知量，右端为已知量，因此方程左端未知量是物面上速度势函数和自由面上速度势方向导数。应用边界条件方法，经过积分方程的离散，可以建立如下线性联立方程组：

$$\begin{bmatrix} A_{11} & A_{12} \\ A_{21} & A_{22} \end{bmatrix} \left\{ \begin{array}{c} \Phi \mid S_b \\ \dfrac{\partial \Phi}{\partial n} \Big| S_f \end{array} \right\} = \left\{ \begin{array}{c} B_1 \\ B_2 \end{array} \right\} \quad (4.10)$$

通过求解方程得到 t 时刻自由面上的速度势，然后根据自由面上运动学和动力学边界条件，应用数值积分方法计算下一时刻自由面上的波面高度和速度势。

4.2.2　直接时域法运动方程求解[4]

时域格林函数求解方法中未将速度势分解成绕射势和辐射势，方程中不存在附加质量和辐射阻尼的概念，因此浮式防波堤运动方程可以写成如下形式：

$$\sum_{j=1}^{3} \left[M_{kj} \xi_j''(t) + B_k \xi_j'(t) + C_{kj} \xi_j(t) \right] = F_k(t) + G_k(t) \quad (4.11)$$

式中，F_k 为波浪载荷分量（包括力和力矩分量）；G_k 为缆绳或者系泊缆对防波堤施加的外部作用力和力矩；M 为浮体质量矩阵；B 为阻尼矩阵；C 为静水回复力系数矩阵；$j = 1$，2，3 分别代表了 x 方向、z 方向和绕 y 轴方向。上述两种方程求解方法类似。3 个耦合的二阶微分方程，可以采用数值方法求解，如 Runge - Kutta 方法。对于下述的二阶微分方程

$$\ddot{\xi} = F[t, \ \xi, \ \dot{\xi}] \quad (4.12)$$

应用四阶 Runge - Kutta 方法求解时，浮体位移和速度可以表达为

$$\xi(t + \Delta t) = \xi(t) + \Delta t \cdot \dot{\xi}(t) + \Delta t \cdot (M_1 + M_2 + M_3)/6 \quad (4.12a)$$

$$\dot{\xi}(t + \Delta t) = \dot{\xi}(t) + (M_1 + 2M_2 + 2M_3 + M_4)/6 \tag{4.12b}$$

式中，M_1、M_2、M_3 和 M_4 分别：

$$M_1 = \Delta t \cdot F[t, \ \xi(t), \ \dot{\xi}(t)] \tag{4.12c}$$

$$M_2 = \Delta t \cdot F\left[t + \frac{\Delta t}{2}, \ \xi(t) + \frac{\Delta t \dot{\xi}(t)}{2}, \ \dot{\xi}(t) + \frac{M_1}{2}\right] \tag{4.12d}$$

$$M_3 = \Delta t \cdot F\left[t + \frac{\Delta t}{2}, \ \xi(t) + \frac{\Delta t \dot{\xi}(t)}{2} + \frac{\Delta t M_1}{4}, \ \dot{\xi}(t) + \frac{M_2}{2}\right] \tag{4.12e}$$

$$M_4 = \Delta t \cdot F\left[t + \Delta t, \ \xi(t) + \Delta t \dot{\xi}(t) + \frac{\Delta t M_2}{2}, \ \dot{\xi}(t) + M_3\right] \tag{4.12f}$$

计算中首先根据 t 时刻浮体位移 $\xi(t)$ 和速度 $\dot{\xi}(t)$，由锚链系统位移-张力关系确定锚链对浮体产生的作用力，由水动力分析确定波浪力，从而求得 $F[t, \ \xi(t), \ \dot{\xi}(t)]$ 函数，然后利用式（4.12a）和式（4.12b）求得 $t + \Delta t$ 时刻的浮体位移 $\xi(t + \Delta t)$ 和速度 $\dot{\xi}(1 + \Delta t)$。重复 t 时刻的计算，周而复始，直到计算结束[4]。

4.2.3 间接时域法[2]

有限水深入射速度势：

$$\Phi_0(x, \ y, \ z) = -i \frac{gH \cosh k(z + d)}{2\omega \cosh kd} e^{i(kx\cos\theta + ky\sin\theta)} \tag{4.13}$$

线性化的自由表面条件：

$$\frac{\partial^2 \Phi}{\partial t^2} + g \frac{\partial \Phi}{\partial z} = 0 \quad (z = 0) \tag{4.14}$$

不可穿透物面条件：

$$\frac{\partial \Phi}{\partial n}\bigg|_{s_0} = -i\omega x_j n_j \quad n = (n_1, \ n_2, \ n_3, \ yn_3 - zn_2, \ zn_1 - xn_3, \ xn_2 - yn_1) \tag{4.15}$$

海底条件：

$$\frac{\partial \Phi}{\partial z} = 0 \quad (z = -d) \tag{4.16}$$

无穷远辐射条件：

$$\lim_{R \to \infty} \left(\frac{\partial \Phi}{\partial R} - i\nu\Phi \right) = 0 \quad \nu = \frac{\omega^2}{g} \tag{4.17}$$

式中，θ 为波浪入射角度；$R^2 = x^2 + y^2$；$n_j (j = 1, 2, 3, \cdots, 6)$ 为物面上的法向量；g 为重力加速度；k 为波数；ν 为深水波数；ω 为波频率；d 为水深；H 为波高。

将速度势分解：

$$\Phi = \Phi_I + \Phi_s = \Phi_I + \Phi_j + \Phi_7 \tag{4.18}$$

式中，Φ_I、Φ_s、Φ_j、Φ_7 分别为入射速度势、散射速度势、辐射速度势、绕射速度势。

由于波面速度势是频率为 ω 的简谐函数，所以可以将速度势如下表达：

$$\Phi = \Phi(x, y, z) e^{-i\omega t} \tag{4.19}$$

将整个流体动力问题转为如下表达式：

$$\begin{cases}
[L]: & \nabla^2 \Phi_j = 0 \\[2mm]
[F]: & \dfrac{\partial \Phi_j}{\partial z} - \nu\Phi_j = 0 \quad (z = 0) \\[2mm]
[S]: & \dfrac{\partial \Phi_j}{\partial n} = \begin{cases} U_j n_j \quad (j = 1, 2, 3, \cdots, 6) \\[2mm] -\dfrac{\partial \Phi_0}{\partial n} \quad (j = 7) \end{cases} \\[4mm]
[B]: & \dfrac{\partial \Phi_j}{\partial z} = 0 \quad (z = -d) \\[2mm]
[R]: & \lim_{R \to \infty} \sqrt{R} \left(\dfrac{\partial \Phi_j}{\partial R} - i\nu\Phi_j \right) = 0
\end{cases} \tag{4.20}$$

上述定解问题采用边界元方法求解，采用在物体表面布置满足于自由表面和海底条件以及无穷远辐射条件的源表示速度势，即：

$$\Phi(x, y, z) = \frac{1}{4\pi} \iint_{S_b} \sigma(Q) G(P, Q) \mathrm{d}s \tag{4.21}$$

$$G(x, y, z; \xi, \eta, \zeta) = \frac{1}{r} + \frac{1}{r'}$$

$$+ 2\mathrm{P.V.} \int_0^\infty \frac{(\mu + \nu) e^{-\mu d} \cosh[\mu(d + \zeta)] \cosh[\mu(z + d)]}{\mu \sinh(\mu d) - \nu \cosh(\mu d)} J_0(\mu R) \mathrm{d}\mu \tag{4.22}$$

$$+ i \frac{2\pi(k^2 - \nu^2) \cosh[k(d + \zeta)] \cosh[k(z + d)]}{k^2 h - \nu^2 h + \nu} J_0(kR)$$

式中，σ 表示结构物表面 Q 点处的源强度函数；x、y、z、ξ、η、ζ 分别为场点与源点的三维坐标；P.V.表示积分主值；$J_0(\mu R)$ 表示第一类零阶 Bessel 函数。

$$r = \left[(x-\xi)^2 + (y-\eta)^2 + (z-\zeta)^2\right]^{1/2} \tag{4.22a}$$

$$r' = \left[(x-\xi)^2 + (y-\eta)^2 + (z+\zeta+2h)^2\right]^{1/2} \tag{4.22b}$$

$$R = \left[(x-\xi)^2 + (y-\eta)^2\right]^{1/2} \tag{4.22c}$$

由（4.21）式给出的速度势满足物面条件，有：

$$-2\pi\sigma(x,\ y,\ z) + \iint_{S_b}\sigma\frac{\partial}{\partial n}G(x,\ y,\ z;\ \xi,\ \eta,\ \zeta)\mathrm{d}s$$

$$= \begin{cases} n_j(x,\ y,\ z) & (j=1,\ 2,\ \cdots,\ 6) \\ -\dfrac{\partial\varphi_0(x,\ y,\ z)}{\partial n} & (j=7) \end{cases} \tag{4.23}$$

对任意形状物体，求解上述方程的解析解是困难的，甚至不可能的，因此必须用数值方法求解。Hess－Smith 是将物面 S_b 划分成众多的曲面，每块曲面由给定的方法形成平面四边形单元。每个单元上在形心处设定一常数源强，这样在曲面 S_b 上的积分方程可以转为在每个单元上的积分和，于是上式可以离散成：

$$-2\pi\sigma_{ij} + \alpha_{ij}\sigma_{jk} = \begin{cases} n_j(x,\ y,\ z) & (j=1,\ 2,\ \cdots,\ 6) \\ -\dfrac{\partial\varphi_0(x,\ y,\ z)}{\partial n} & (j=7) \end{cases} \tag{4.24}$$

$$\alpha_{ij} = n\cdot\iint_{\Delta S_b}\nabla G(x,\ y,\ z;\ \xi,\ \eta,\ \zeta)\mathrm{d}s = \iint_{\Delta S_b}\frac{\partial}{\partial n}G(x,\ y,\ z;\ \xi,\ \eta,\ \zeta)\mathrm{d}s \tag{4.25}$$

式（4.24）得到物面上的源强后，物面的速度势可以由下式求得

$$\Phi_{ij} = \frac{1}{4\pi}\sum_{k=1}^{N}\sigma_{ik}\int_{S_b}G_{kj}\mathrm{d}s \tag{4.26}$$

频域下结构物上的波浪载荷可以通过结构物表面上的各个单元水动力压强积分得到，而水动力压强由线性化的伯努利方程给出：

$$p = -\rho\frac{\partial\Phi}{\partial t} \tag{4.27}$$

这样由入射势和绕射势引起的波浪载荷由湿表面 S_b 上的流体压强积分求得

$$F_{fk} = -\iint\limits_{S_b} p \cdot n \mathrm{d}s = -i\rho\omega \mathrm{e}^{-i\omega t} \iint\limits_{S_b} \Phi \cdot n \mathrm{d}s = -i\rho\omega \mathrm{e}^{-i\omega t} \iint\limits_{S_b} (\Phi_0 + \Phi_7) \cdot n \mathrm{d}s \quad (4.28)$$

式中，F_{fk} 为波浪激振力（矩）。

同理可以得到辐射力的表达形式，由受到波浪作用结构物运动而引起的辐射力矩，通常由附加质量 a_{ij} 和阻尼 b_{ij} 来表示：

$$F_{fk} = -\iint\limits_{S_b} p \cdot n \mathrm{d}s = -i\rho\omega \mathrm{e}^{-i\omega t} \iint\limits_{S_b} \Phi_j \cdot n \mathrm{d}s \ (j = 1, \ 2, \ 3, \ \cdots, \ 6) \quad (4.29)$$

$$a_{ij} = -\operatorname{Re}\left\{\rho \iint\limits_{S_b} \varphi_j n_k \mathrm{d}s\right\}$$

$$\quad (4.29\mathrm{a})$$

$$b_{ij} = -\operatorname{Im}\left\{\rho \iint\limits_{S_b} \varphi_j n_k \mathrm{d}s\right\}$$

浮体所受到的一阶波浪力由弗汝德-克雷洛夫力（Froude – Krylov，简称 F – K 力）与波浪绕射力构成。其中，弗汝德-克雷洛夫力不考虑浮体存在对入射波浪流场的影响而得到的波浪力，波浪绕射力不考虑浮体的摇荡运动而得到的波浪力。以下给出一阶波浪力、差频力和二阶平均漂移力的计算过程。

求解得到速度势后，浮体表面的流体压力 P 根据伯努利方程求出：

$$P = -\rho \frac{\partial \Phi}{\partial t} \quad (4.30)$$

对上式进行积分，作用于浮体表面的流体作用力如下：

$$F_{\omega j} = \iint\limits_{S_0} p n_j \mathrm{d}s = \rho i\omega \iint\limits_{S_0} \Phi n_j \mathrm{d}s \quad (4.31)$$

或

$$F_{\omega j} = \operatorname{Re}\{f_{\omega j} \mathrm{e}^{-i\omega t}\} \quad (4.31\mathrm{a})$$

其中，$f_{\omega j} = \rho i\omega \iint\limits_{S_0} \varphi n_j \mathrm{d}s$。

将 $\varphi = \varphi_I + \varphi_D$ 代入上式，则波浪扰动力可分为两部分，即

$$F_{\omega j} = F_{\omega j}^k + F_{\omega j}^d = \operatorname{Re}\{(f_{\omega j}^k + f_{\omega j}^d) \mathrm{e}^{-i\omega t}\} \quad (4.32)$$

在式（4.32）中

$$f_{\omega j}^k = \rho i\omega \iint\limits_{S_0} \varphi_I n_j \mathrm{d}s \quad (4.32\mathrm{a})$$

$$f_{\omega j}^d = \rho i\omega \iint\limits_{S_0} \varphi_D n_j \mathrm{d}s \quad (4.32\mathrm{b})$$

其中, $f_{\omega j}^{k}$ 为弗汝德-克雷洛夫力; $f_{\omega j}^{d}$ 为波浪绕射力。两式相加得到浮体所受的波浪力:

$$f_{\omega j} = \rho i \omega \iint\limits_{S_0} \left(\varphi_I \frac{\partial \varphi_j}{\partial n} - \varphi_j \frac{\partial \varphi_I}{\partial n} \right) \mathrm{d}s \tag{4.33}$$

　　对二阶平均漂移力的求解有近场法与远场法两种:近场法(又称为压力积分法)通过瞬时物体表面的水动力压力积分在一个波浪周期上的平均来获得二阶平均漂移力;远场法则考虑由物体表面、自由面和远离物体的辐射控制面围成的流域,利用流域内能量和动量守恒方程,得到二阶平均漂移力的表达式。相对于使用速度势导数和泰勒展开的近场法,远场法计算简便,且计算结果准确,其中远场法计算结果较近场法更为简便,因此本章主要介绍远场法。

　　流体的水平动量变化率:

$$\frac{\mathrm{d}M_j}{\mathrm{d}t} = - \iint \left[P n_j + \rho V_J (V_n - U_n) \right] \mathrm{d}s \quad (j = 1, \ 2, \ \cdots, \ 6) \tag{4.34}$$

式中, V_n 为水质点的法向速度; U_n 为控制边界面的法向速度。应用相应的边界条件在时间上取平均,则可得二阶平均漂移力:

$$\overline{F_1} = - \frac{\rho g A^2}{k} \frac{C_g}{C} \left\{ \frac{1}{\pi} \int_0^{2\pi} \cos\theta \, | A(\theta) |^2 \mathrm{d}\theta + 2\cos\beta \mathrm{Re}[A(\beta)] \right\} \tag{4.35}$$

$$\overline{F_2} = - \frac{\rho g A^2}{k} \frac{C_g}{C} \left\{ \frac{1}{\pi} \int_0^{2\pi} \sin\theta \, | A(\theta) |^2 \mathrm{d}\theta + 2\sin\beta \mathrm{Re}[A(\beta)] \right\} \tag{4.36}$$

式中, C_g 为波浪的群速度; $A(\theta)$ 为散射势幅值在远场的分布函数,与物体上的速度势有关,可通过积分方程确定[4]。

　　二阶差频力:海洋结构物在不规则波中所受到的差频力利用二阶传递函数的方法来求解。

$$F_i^{SV} = \sum_{j=1}^{N} \sum_{k=1}^{N} A_j A_k \left[\begin{array}{l} T_{jk}^{ic} \cos\{(\omega_k - \omega_j)t + (\varepsilon_k - \varepsilon_j)\} \\ + T_{jk}^{is} \sin\{(\omega_k - \omega_j)t + (\varepsilon_k - \varepsilon_j)\} \end{array} \right] \tag{4.37}$$

式中, A_j 、 ω_j 分别表示不规则波各成分的波幅和频率; ε_j 是随机相位角; $i = 1$, $2, \cdots, 6$ 代表六个方向的自由度;二阶传递函数 T_{jk}^{ic} 和 T_{jk}^{is} 是频率 ω_j 和 ω_k 的函数,与波幅无关,取决于一阶和二阶速度势,可以通过非线性面元法求得,当 $k = j$ 时, T_{jj} 表示平均力部分,可以通过一阶势求得,当 $k \neq j$ 时,表示慢变部分,可以通过 Newman 的简化公式来求解:

$$T_{jk}^{ic} = T_{kj}^{ic} = 0.5(T_{jj}^{ic} + T_{kk}^{ic}) \tag{4.38}$$

$$T_{jk}^{is} = T_{kj}^{is} = 0 \tag{4.39}$$

慢漂力亦可以进一步简化，通过平均力近似来求得。一般地，把海浪谱分成 N 等份，每一波频带相对应的波频为 ω_j，波频为 A_j，则

$$F_i^{SV} = 2 \left(\sum_{j=1}^N A_j (T_{jj}^{ic})^{0.5} \cos(\omega_j t + \varepsilon_j) \right)^2 \tag{4.40}$$

4.2.4　间接时域法运动方程求解[2]

由牛顿第二定律推出的时域运动方程：

$$\sum_{j=1}^6 \left\{ (M_{ij} + a_\infty) x''(t) + \int_0^t x'(t) R(t - \tau) \mathrm{d}\tau + k_{ij} x(t) \right\} = f_j^{(0)} + \mathrm{Re}\{f_j^{(1)} \mathrm{e}^{-i\omega t}\} + G(t) \tag{4.41}$$

式中，M 为浮体质量矩阵；a_∞ 为浮体的附加质量矩阵；k_{ij} 为浮体的静水回复力系数矩阵；$R(t - \tau)$ 为浮体迟滞函数矩阵；$x(t)$ 为浮体的位移向量（六自由度响应）、浮体附加质量、阻尼系数和频域波浪力采用三维源汇分布法计算；$f_j^{(0)}$ 和 $f_j^{(1)}$ 为浮体所受外力，其中 $f_j^{(0)}$ 为二阶平均漂移力，$f_j^{(1)}$ 为一倍频的波浪激振力；$G(t)$ 为锚链等引起的外部作用力与力矩。

4.3　浮式防波堤消浪性能参数

消浪性能是衡量浮式防波堤性能的重要指标，因此一般通过透射系数 K_t 来评价浮式防波堤消浪性能。根据当前波浪水动力学机理，浮式防波堤消浪主要依靠两个方面，第一方面因结构物存在所造成的波浪反射，第二方面是利用结构物自身特点（如网衣、开孔等）造成波浪在传播过程中遭遇上述结构时产生能量耗散。上述两方面通常波浪反射能量 E_r 占了主导作用，第二部分耗散能量 E_{loss} 占了次要位置。波浪入射能量 $E_i = E_r + E_t + E_{\mathrm{loss}}$，推导可得如下关系式[5,6]：

$$E_{\mathrm{loss}} = \sqrt{1 - K_r^2 - K_t^2} \tag{4.42}$$

针对规则波透射系数 K_t 和反射系数 K_r 定义如下：

$$K_t = \frac{H_t}{H_i} \tag{4.43}$$

$$K_r = \frac{H_r}{H_i} \tag{4.44}$$

式中，H_t 代表堤后透射波高；H_r 代表反射波高；H_i 代表入射波高；

4.4　浮式防波堤消浪参数求解方法

对于波浪从侧面入射，与水面漂浮的浮式防波堤结构物（二维）相互作用问题，除了 4.1 节数值求解方法之外，解析方法也是一种重要的方法，解析解可以反映出流场相关物理变量之间本质的联系和规律，为了清晰描述波浪作用下的浮式防波堤波浪场，采用解析方法来描述。解析方法通常运用势流理论方法，根据结构物对称性质，将计算区域划分成不同的流体域，通过设定各个流体计算域的边界条件，采用各个分区特征函数展开和相关的补充方程，例如相邻流体域之间匹配等，最终求得解析解[1]。

当前解析方法一般将问题简化成两类：第一类将问题简化为波浪与二维水面固定方箱相互作用问题，例如 Mei 和 Black[7]、程建生和缪国平[8] 等；第二类将问题简化为漂浮方箱与波浪相互作用问题，例如 Drimer 等（1992）[9]。详细推导和求解过程可参考上述文献。

如图 4.2 所示，忽略海底的地形变化，考虑均匀水深 d 中，波浪对固定在水面处吃水为 D、宽度为 $2B$ 的方箱作用问题，方箱下水深定义为 $S = d - D$。

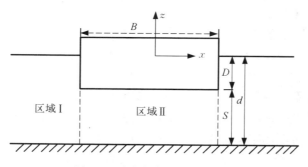

图 4.2　浮式防波堤流域的划分

4.4.1　绕射问题

通常对于这类结构物一般采用 Mei 和 Black[7] 提出的将问题分解成正对称问题和反对称问题的处理方法。如图 4.2 所示计算域可以控制在 $x < 0$（或 $x > 0$）的半个计算区域内求解。对称解从物理概念理解即方箱的左右两侧同时入射同波高、同相位波浪遇到对称结构物的反射问题；反对称问题对应着从两侧同时入射同波高、反相位的波浪遇到对称结构物的反射问题。对称解和反对称解相加后，右侧入射的速度势将相互抵消。

$$\Phi_7(x, \ z) = \left[\Phi^s(x, \ z) + \Phi^a(x, \ z)\right]/2 \tag{4.45}$$

$$\Phi^s(-x, \ z) = \Phi^s(x, \ z) \tag{4.46}$$

$$\Phi^a(-x, \ z) = -\Phi^a(x, \ z) \tag{4.47}$$

利用波浪守恒原理，对于对称问题，波能流在 $x = 0$ 处可知：

$$\frac{\partial \Phi}{\partial x}(0, \ z, \ t) = 0 \tag{4.48}$$

对于反问题，同样也有类似的结论，即：

$$\frac{\partial \Phi}{\partial x}(0, \ z, \ t) = 0 \tag{4.49}$$

根据波浪波能流的计算方法，即：

$$F = \frac{1}{T}\int_t^{t+T}\int_{-d}^h \Phi_x\Phi_t\mathrm{d}z = \frac{1}{T}\int_t^{t+T}\int_{-d}^h pu\mathrm{d}z \tag{4.50}$$

无论是正对称问题还是反对称问题，在 $x = 0$ 波能流均为0；因此利用正对称和反对称波能流为0和正对称和反对称问题中的反射系数模均为1，可以得到总反射系数为

$$K_r = (R_S + R_A)/2 \tag{4.51}$$

透射系数：

$$K_t = (R_S - R_A)/2 \tag{4.52}$$

浮式防波堤几何运动是关于 $x = 0$ 对称的，因此只需要求解一半的计算域即可。因此将流体的左半域沿 $x = -0.5B$ 分成两部分，第一部分为外域 $\Omega_1(x < -0.5B)$，第二部分为内域 $\Omega_2(-0.5B \leqslant x \leqslant 0)$。

1. 外域 $\Omega_1(x < -0.5B)$

速度势可以写成入射部分、反射部分以及非传播模态部分之和，具体形式如下：

$$\left.\begin{aligned}
&\Phi(x, \ z, \ t) = \mathrm{Re}\left[\Phi^s(x, \ z) + \Phi^a(x, \ z)\right]\mathrm{e}^{-i\omega t}\\[2mm]
&\Phi^s(x, \ z) = a_{7,0}f_0\mathrm{e}^{ik(x+0.5B)} + a_{7,0}R^sf_0\mathrm{e}^{-ik(x+0.5B)} + \sum_{n=1}^\infty a_{7,n}f_n\mathrm{e}^{k_n(x+0.5B)} \quad (x < -0.5B)\\[2mm]
&\Phi^a(x, \ z) = b_{7,0}f_0\mathrm{e}^{ik(x+0.5B)} + b_{7,0}R^af_0\mathrm{e}^{-ik(x+0.5B)} + \sum_{n=1}^\infty b_{7,n}f_n\mathrm{e}^{k_n(x+0.5B)} \quad (x < -0.5B)\\[2mm]
&\Phi(x, \ z, \ t) = \mathrm{Re}\left\{\left[\Phi^s(-x, \ z) - \Phi^a(-x, \ z)\right]\mathrm{e}^{-i\omega t}\right\} \quad (x \leqslant -0.5B)
\end{aligned}\right\}$$
$$\tag{4.53}$$

式中，f_0、f_n为正交化函数，具体如下：

$$\left.\begin{array}{l} f_0 = \sqrt{2}\,(d + \sigma^{-1}\sinh^2 kd)^{-\frac{1}{2}}\cosh[k(d+z)] \\ f_n = \sqrt{2}\,(d - \sigma^{-1}\sin^2 k_n d)^{-\frac{1}{2}}\cos[k_n(d+z)] \quad (n=1,\ 2,\ 3,\ \cdots) \end{array}\right\}$$

(4.54)

式中，k 为波浪入射波的波数；k_n分别为下述色散方程的正实根：

$$\sigma = k\tanh(kd),\quad \sigma = -k_n\tanh(k_n d) \tag{4.55}$$

利用线性化的波面方程可以得到：

$$a_{7,0} = b_{7,0} = \frac{-iag}{2\omega f_0(0)} \tag{4.56}$$

2. 内域 $\Omega_2(-0.5B \leqslant x \leqslant 0)$

$$\Phi(x,\ z,\ t) = \mathrm{Re}[vx + \Phi_0]e^{-i\omega t} \quad (-0.5B \leqslant x \leqslant 0) \tag{4.57}$$

式中，v、Φ_0为复数常数。

利用内域与外域在 $x=-0.5B$ 处速度连续条件：

$$\frac{\partial}{\partial x}\Phi(x=-0.5B) = \begin{cases} 0 & (-D < z < 0) \\ v & (-d < z < -D) \end{cases} \tag{4.58}$$

利用f_0、f_n正交函数特性等补充方程，可以确定速度势系数如下：

$$\left.\begin{array}{l} \Phi(x,\ z,\ t) = \mathrm{Re}[vx + \Phi_0]e^{-i\omega t} \quad (-0.5B \leqslant x \leqslant 0) \\ \Phi_0 = \dfrac{2a_{7,0}U_0}{S},\quad v = -\dfrac{2a_{7,0}U_0}{SB + \dfrac{iU_0^2}{k} + \sum\limits_{n=1}^{\infty}\dfrac{U_n^2}{k_n}} \\ a_{7,0} = b_{7,0} = \dfrac{-iag}{2\omega f_0(0)},\quad U_0 = \int_{-d}^{-D}f_0 dz \\ f_0 = \sqrt{2}\,(d + \sigma^{-1}\sinh^2 kd)^{-\frac{1}{2}}\cosh[k(d+z)] \end{array}\right\}$$

(4.59)

4.4.2　辐射问题

1. 升沉运动

假定浮式防波堤的运动响应相比物体的特征长度是小量，浮式防波堤运动产生的辐射势分别按照三种运动分量（升沉、横荡、横摇）单独求解，然后线性叠加求得总的辐射势。

流体中速度势所满足的边界条件为

$$
\left.
\begin{aligned}
&\frac{\partial \Phi}{\partial z} = \frac{\omega^2}{g}\Phi(x,\ z)\quad(\text{在}\ |x| \geqslant 0.5B,\ z = 0\ \text{上})\\
&\frac{\partial \Phi}{\partial z}(x,\ z) = 0\quad(\text{在}\ z = -d\ \text{上})\\
&\frac{\partial \Phi}{\partial z}(x,\ z) = -i\omega\quad(|x| \leqslant 0.5B,\ z = -D\ \text{上})\\
&\frac{\partial \Phi}{\partial x}(x,\ z) = 0\quad(|x| = 0.5B,\ D \leqslant z \leqslant 0\ \text{上})
\end{aligned}
\right\}
\tag{4.60}
$$

浮式防波堤几何和运动是对称特性，速度势也是关于 z 轴对称，因此只需要求解一半的计算域即可。由于存在计算域内，因此在 $x = -0.5B$ 处将计算域划分成两部分，第一部分为外域 $\Omega_1(x < -0.5B)$，第二部分为内域 $\Omega_2(0 > x > -0.5B)$。

1）外域部分 $\Omega_1(x < -0.5B)$

速度势根据特征函数展开为传播项和非传播项之和，具体形式如下：

$$
\Phi = a_{3,0}f_0 e^{-ik(x+0.5B)} + \sum_{n=1}^{\infty} a_{3,n}f_n e^{k_n(x+0.5B)}\quad(x < -0.5B)
\tag{4.61}
$$

因此问题转换为只需要补充相关方程将相应的系数求解得到即可。

2）内域 $\Omega_2(0 > x > -0.5B)$

根据边界条件可知，速度势可分解成通解与一个特解之和：

$$
\Phi = \Phi_{\text{特}} + \Phi_{\text{通}}
\tag{4.62}
$$

特解需要满足拉普拉斯方程，海底条件和物体边界条件：

$$
\frac{\partial \Phi}{\partial z} = -i\omega\xi_z\quad(z = -d)
\tag{4.63}
$$

因此特解可取：

$$
\Phi_{\text{特}} = -\frac{i\omega}{2S}(z^2 + 2dz - x^2)
\tag{4.64}
$$

通解需要满足浮式防波堤上下两个边界条件：

$$
\frac{\partial \Phi_{\text{通}}}{\partial z} = 0\quad(z = -d)
\tag{4.65}
$$

$$\frac{\partial \Phi_{通}}{\partial z} = 0 \quad (z = -D) \tag{4.66}$$

在 Ω_1 和 Ω_2 区域的边界上，利用速度势连续的匹配条件可以得

$$a_{3,0} = \frac{\omega B U_0}{2kS}, \quad a_{3,n} = -\frac{i\omega B U_n}{2k_n S} \tag{4.67}$$

利用通解在 $x = -0.5B$ 处满足波浪载荷连续条件：

$$\int_{-d}^{-D} \Phi_{I} dz = \int_{-d}^{-D} \Phi_{II} dz \quad (x = -0.5B) \tag{4.68}$$

因此可以求得通解为

$$\Phi_{通} = \frac{\omega B}{2kS^2} U_0^2 - \frac{i\omega B}{2S^2} \sum_{n=1}^{\infty} \frac{U_n^2}{k_n} + \frac{i\omega}{2S} \left(\frac{S^2}{3} - d^2 - 0.25B^2\right) \tag{4.69}$$

最终得到升沉运动下速度势的解析解结果：

外域 $\Omega_1(x < -0.5B)$：

$$\left.\begin{aligned}
\Phi_{I} &= a_{3,0} f_0 e^{-ik(x+0.5B)} + \sum_{n=1}^{\infty} a_{3,n} f_n e^{k_n(x+0.5B)} \quad (x < -0.5B) \\[2mm]
a_{3,0} &= \frac{\omega B U_0}{2kS}, \quad a_{3,n} = -\frac{i\omega B U_n}{2k_n S} \\[2mm]
U_0 &= \int_{-d}^{-D} f_0 dz, \quad U_n = \int_{-d}^{-D} f_n dz \\[2mm]
f_0 &= \sqrt{2}\,(d + \sigma^{-1}\sinh^2 kd)^{-\frac{1}{2}} \cosh[k(d+z)] \\[2mm]
f_n &= \sqrt{2}\,(d - \sigma^{-1}\sin^2 k_n d)^{-\frac{1}{2}} \cos[k_n(d+z)] \quad (n = 1, 2, 3, \cdots)
\end{aligned}\right\} \tag{4.70}$$

在内域 $\Omega_1(0 > x > -0.5B, \ -d < z < -D)$：

$$\left.\begin{aligned}
\Phi_{II} &= \Phi_{特} + \Phi_{通} = -\frac{i\omega}{2S}(z^2 + 2dz - x^2) + \frac{\omega B}{2kS^2} U_0^2 - \frac{i\omega B}{2S^2} \sum_{n=1}^{\infty} \frac{U_n^2}{k_n} + \frac{i\omega}{2S} \left(\frac{S^2}{3} - d^2 - 0.25B^2\right) \\[2mm]
U_n &= \int_{-d}^{-D} f_n dz, \quad f_n = \sqrt{2}\,(d - \sigma^{-1}\sin^2 k_n d)^{-\frac{1}{2}} \cos[k_n(d+z)] \quad (n = 1, 2, 3, \cdots)
\end{aligned}\right\} \tag{4.71}$$

2. 横荡运动

基于类似的边界条件和方法，同样可以得到浮式防波堤关于横荡的速度势。由于物体运动是反对称的，因此速度势也是关于 z 轴反对称的，速度势的求解在 $x < 0$ 的左半部区域内求解，同样根据边界条件不同，将计算区域在 $x = -0.5B$ 处划分成两部分，第一部分为外域 $\Omega_1(x < -0.5B)$，第二部分为内域 $\Omega_2(0 > x > -0.5B)$。在外域 Ω_1 上速度势的展开如式（4.70）所示。在内域 Ω_2 由于上下边界均为齐次条件，不需要分为通解和特解两部分。利用内域与外域在 $x = -0.5B$ 处速度势连续的条件可以得到如下结果。

在外域 $\Omega_1(x < -0.5B)$：

$$\Phi_{\mathrm{I}} = b_{2,0} f_0 \mathrm{e}^{-ik(x+0.5B)} + \sum_{n=1}^{\infty} b_{2,n} f_n \mathrm{e}^{k_n(x+0.5B)} \quad (x < -0.5B)$$

$$b_{2,0} = \frac{i\upsilon U_0}{k} + \frac{\omega}{k} W_0 \tag{4.72}$$

$$b_{3,n} = \frac{1}{k_n}(\upsilon U_n - i\omega W_n)$$

在内域 $\Omega_2(0 > x > -0.5B, \ -d < z < -D)$：

$$\Phi_{\mathrm{II}} = \upsilon x$$

$$\upsilon = \omega \left[i \sum_{n=1}^{\infty} \left(\frac{U_n W_n}{k_n} - \frac{U_0 W_0}{k} \right) \Big/ \left(0.5BS + \frac{iU_0^2}{k} + \sum_{n=1}^{\infty} \frac{U_n^2}{k_n} \right) \right] \tag{4.73}$$

3. 横摇运动

由于浮式防波堤做横摇运动是反对称的，速度势也是关于 z 轴反对称的。速度势在 $x < 0$ 的左半部区域内求解，同样根据边界条件的不同，将计算区域在 $x = -0.5B$ 处划分成两部分，第一部分为外域 $\Omega_1(x < -0.5B)$，第二部分为内域 $\Omega_2(0 > x > -0.5B)$。

在外域 $\Omega_1(x < -0.5B)$，速度势可以表示成如下形式：

$$\Phi_{\mathrm{I}} = b_{4,0} f_0 \mathrm{e}^{-ik(x+0.5B)} + \sum_{n=1}^{\infty} b_{4,n} f_n \mathrm{e}^{k_n(x+0.5B)} \quad (x < -0.5B) \tag{4.74}$$

在内域 $\Omega_2(0 > x > -0.5B, \ -d < z < -D)$，速度势可以表示成通解与一个特解之和。

$$\Phi_{\mathrm{II}} = \Phi_{特} + \Phi_{通} = \frac{i\omega x}{6S} [x^2 + 3d^2 - 3(d+z)^2] + cx \tag{4.75}$$

式中，c 为未知的复数常数。

利用在内域与外域在 $x = -0.5B$ 处速度势连续的条件，可以得到各个系数的表达式：

$$
\left.
\begin{aligned}
& b_{4,0} = A_0 + \frac{iU_0 C}{k}, \quad b_{4,n} = A_n + \frac{U_n C}{k_n} \\
& A_0 = -\frac{\omega}{k}\left\{\frac{1}{2S}\left[(0.25B^2 + d^2)U_0 - U_0'\right] + W_0'\right\} \\
& A_n = \frac{i\omega}{k_n}\left\{\frac{1}{2S}\left[(0.25B^2 + d^2)U_n - U_n'\right] + W_n'\right\} \\
& U_n' = \int_{-d}^{-D} (z+d)^2 f_n dz \\
& C = -\left[\frac{i\omega 0.5B}{6}(0.25B^2 + 3d^2 - S^2) + A_0 U_0 + \sum_{n=1}^{\infty} A_n U_n\right] \bigg/ \left(\frac{iU_0^2}{k} + 0.5BS + \sum_{n=1}^{\infty} \frac{U_n^2}{k_n}\right)
\end{aligned}
\right\}
$$

$$(4.76)$$

因此利用三个运动分量（升沉、横荡和横摇）单独求解得到辐射速度势，线性叠加求得总的辐射势。

$$
\begin{aligned}
& \left[-\omega^2(M + a_{22}) - i\omega b_{22} + S_2\right]X_2 - (\omega^2 a_{24} - i\omega b_{24})X_4 = af_{72} \\
& \left[-\omega^2(M + a_{33}) - i\omega b_{33} + \rho gB\right]X_3 = af_{72} \\
& \left[-\omega^2 a_{42} - i\omega b_{42} + (\overline{KG} - d)M\omega^2\right]X_2 + \left[-\omega^2(I_2 + a_{44}) - i\omega b_{44} + gM\overline{GM}\right]X_4 = af_{74}
\end{aligned}
$$

$$(4.77)$$

式中，M 为浮式防波堤质量；I_2 为关于漂心的转动惯量；$\overline{KG}$ 为浮式防波堤的重心高度；$\overline{GM}$ 为初稳心高度；S_2 为浮式防波堤系泊系统线性弹簧刚度系数。

4.4.3　透射系数和反射系数求解方法

根据公式（4.70）、（4.71）、（4.72）、（4.73）、（4.76）、（4.77）可求得浮式防波堤三自由度下的运动响应幅值，最终利用公式（4.78）得到各个运动下的辐射势和总速度势。

$$
\Phi(x, \ z, \ t) = \mathrm{Re}\left\{\left[\Phi_7(x, \ z) + \sum_{i=2}^{4} X_i \Phi_i(x, \ z)\right]\mathrm{e}^{-i\omega t}\right\} \qquad (4.78)
$$

求得总辐射势后，利用线性化波面方程求得波面：

$$
\eta = -\frac{1}{g}\frac{\partial \Phi}{\partial t} \qquad (4.79)
$$

因此根据浮式防波堤的透射系数和反射系数定义可得

$$K_t = \frac{i\omega}{g}(2a_{7,0}T - X_2 b_{2,0} + X_3 a_{3,0} - X_4 b_{4,0})f_0(0)e^{-ikB} \quad (4.80)$$

反射系数为

$$K_r = \frac{i\omega}{g}(2a_{7,0}T + X_2 b_{2,0} + X_3 a_{3,0} + X_4 b_{4,0})f_0(0) \quad (4.81)$$

4.5 波浪沿浮式防波堤传播能量分布

根据波浪能量的定义，一个波长范围内单位宽度平均波浪能量[10]：

$$E_总 = E_动 + E_势 = \frac{1}{8}\rho g H^2 \quad (4.82)$$

1. 一个波长范围内单位宽度入射波浪能量[10]

$$E_总 = E_动 + E_势 = \frac{1}{8}\rho g H_i^2 \quad (4.83)$$

式中，H_i 为入射波波高；ρ 为水密度；g 为重力加速度。

2. 一个波长度范围内单位宽度浮式防波堤反射波浪能量

$$\left.\begin{aligned}
&E_{反射} = \frac{1}{8}\rho g H_R^2, \quad H_R = R_{FB}H_i \\
&R_{FB} = \frac{i\omega}{g}(2a_{7,0}T + X_2 b_{2,0} + X_3 a_{3,0} + X_4 b_{4,0})f_0(0) \\
&a_{7,0} = b_{7,0} = \frac{-iag}{2\omega f_0(0)}, \quad b_{2,0} = \frac{iv U_0}{k} + \frac{\omega}{k}W_0 \\
&a_{3,0} = \frac{\omega B U_0}{2kS}, \quad b_{4,0} = A_0 + \frac{iU_0 C}{k}, \quad U_0 = \int_{-d}^{-D} f_0 dz \\
&f_0 = \sqrt{2}(d + \sigma^{-1}\sinh^2 kd)^{-\frac{1}{2}}\cosh[k(d+z)]
\end{aligned}\right\} \quad (4.84)$$

式中，a 为入射波浪振幅；X_2、X_3、X_4 分别为浮式防波堤横荡运动、升沉、横摇运动的运动复数振幅值；ω 为波浪频率。

3. 单位宽度浮式防波堤透射波浪能量

对于浮式防波堤透射波浪能量可以有两种表达形式：第一种方法是利用三自由度产生的辐射速度势与固定状态的绕射速度势之和求得最终的堤后波面值。求得波面值后利用波能计算公式（4.85）得波浪能量。第二种是根据透射系数计算堤后波浪波高值，见公式（4.86）。

$$\begin{cases} E_{透射} = \dfrac{1}{8}\rho g H_T^2, \quad H_T = T_{FB}H_i \\[2mm] T_{FB} = \dfrac{i\omega}{g}(2a_{7,0}T - X_2 b_{2,0} + X_3 a_{3,0} - X_4 b_{4,0})f_0(0)\,\mathrm{e}^{-ikB} \\[2mm] a_{7,0} = b_{7,0} = \dfrac{-iag}{2\omega f_0(0)}, \quad b_{2,0} = \dfrac{iv U_0}{k} + \dfrac{\omega}{k}W_0 \\[2mm] a_{3,0} = \dfrac{\omega B U_0}{2kS}, \quad b_{4,0} = A_0 + \dfrac{iU_0 C}{k}, \quad U_0 = \displaystyle\int_{-d}^{-D} f_0 \mathrm{d}z \\[2mm] f_0 = \sqrt{2}\,(d + \sigma^{-1}\sinh^2 kd)^{-\frac{1}{2}}\cosh[\,k(d+z)\,] \end{cases} \tag{4.85}$$

或者：

$$E_k = \int_0^L \int_{-d}^{\eta} \frac{1}{2}\rho\left(\frac{\partial^2 \Phi}{\partial x^2} + \frac{\partial^2 \Phi}{\partial z^2}\right)\mathrm{d}x\mathrm{d}z + \int_0^L \frac{1}{2}\rho g(d+\eta)^2 \mathrm{d}x - \frac{1}{2}\rho g d^2 L \tag{4.86}$$

基于能量守恒定律，确定浮式防波堤在波浪传播期间耗散能量如下：

$$E_{耗散} = E_{总} - E_{反} - E_{透} \tag{4.87}$$

从中可得到如下结论：

（1）从浮式防波堤的解析解形式可知，浮式防波堤堤前与堤后在一定范围内存在波浪非传播模态，例如浮式防波堤绕射解析解（4.55）和（4.61）都存在非传播模态分量 $\sum\limits_{n=1}^{\infty} a_{7,n}f_n \mathrm{e}^{k_n(x+0.5B)}$ 和 $\sum\limits_{n=1}^{\infty} b_{7,n}f_n \mathrm{e}^{k_n(x+0.5B)}$，升沉、横摇、横荡辐射解析解（4.70）、（4.71）也存在波浪非传播模态的成分，因此浮式防波堤附近区域内存在波浪紊动区域，波浪的波面变化陡变，这个区域内测得的波面值非真实波面。

（2）浮式防波堤堤后波面存在空间分布的不均衡性，特别是在浮式防波堤堤后，由于非传播模态、多个波浪的叠加效应以及地形绕射反射效应的共同作用，会造成堤后一定区域内某些点波面升高，即某点的波面值超过堤前的波面值，当波浪浪高仪在这些测点测得的透射系数 K_t 会大于1，造成采用两点法测得堤后波面透射系数 K_t 超过1的"假象"。

因此，建议对于防波堤透射系数采用能量的方式评估消浪性能，避免堤后局部区域波浪与非传播模态波浪成分的叠加造成波浪分布的不均匀性问题。具体表达形式如下：

$$K_t = E_{堤后} / E_{入射} \tag{4.88}$$

式中，$E_{堤后}$指波浪与浮式防波堤波浪场内堤后某测点沿波浪波峰方向单位宽度的波浪能量（一个波浪周期平均能量）；$E_{入射}$指入射波沿波浪波峰方向单位宽度的波浪能量（一个波浪周期平均能量）。

参 考 文 献

[1]　滕斌. 波浪对海上结构物的作用[M]. 北京：海洋出版社，2002.

[2]　马小剑. 开敞式码头系泊船运动响应及缆绳张力研究[D]. 大连：大连理工大学，2012.

[3]　Bai W, Teng B. Second-order wave diffraction around 3-D bodies by a time-domain method[J]. China Ocean Engineering, 2001, 15（1）：73 − 84.

[4]　李玉成，滕斌. 波浪对海上建筑物的作用[M]. 3 版. 北京：海洋出版社，2015.

[5]　范骏，王宇楠，杨斯汉，等. 双挡板透空堤透浪与反射系数实验研究[J]. 海洋工程，2011，29（4）：60 − 67.

[6]　邹志利. 海岸动力学[M]. 4 版. 北京：人民交通出版社，2009.

[7]　Mei C C, Black J L. Scattering of surface waves by rectangular obstacles in waters of finite depth[J]. Journal of Fluid Mechanics, 1969, 38（3）：499 − 511.

[8]　程建生，缪国平. 圆弧型浮式防波堤防浪效果的解析研究[J]. 上海交通大学学报，2006（10）：1772 − 1777.

[9]　Drimer N, Agnon Y, Stiassnie M. A simplified analytical model for a floating breakwater in water of finite depth[J]. Applied Ocean Research, 1992, 14（1）：33 − 41.

[10]　兰德尔. 海洋工程基础[M]. 上海：上海交通大学出版社，2002.

第五章　浮式防波堤构型设计方法

5.1　构型设计要素及原则

浮式防波堤构型设计是一项重要而复杂的工作，好的构型是完成设计目的的基础，它将直接影响浮式防波堤系统的消浪性能、系泊系统、连接结构的设计，并对后续浮式防波堤的整体性能产生重要的影响。影响浮式防波堤单元构型、连接器以及系泊系统的因素较多，整体上将浮式防波堤构型设计的各种要素大致分为使用要求、自然条件要求以及工程施工运营等要求，详细设计要求如下。

1. 满足浮式防波堤消浪性能的要求（透射系数 K_t）

这是确定浮式防波堤构型必须确定的首要问题。根据第三章、第四章中关于浮式防波堤水动力性能原理分析，构型设计主要涉及浮式防波堤的相对堤宽（B/L，B 为堤宽，L 为波长）、防波堤结构相对吃水（D/L，D 为防波堤吃水，L 为波浪波长）等。具体的设计方法如下：

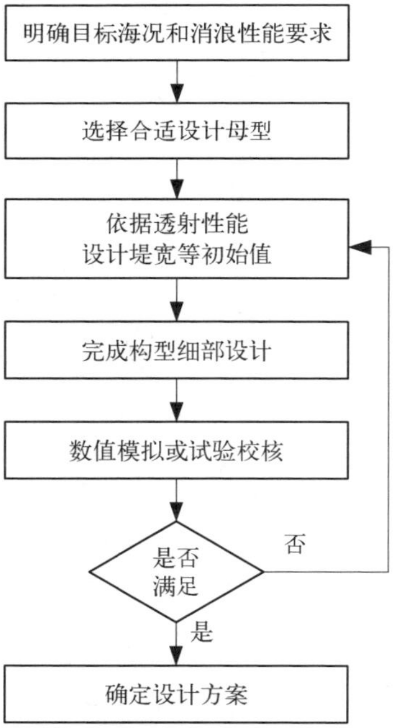

根据第三章、第四章中关于浮式防波堤水动力性能原理分析，构型设计主要涉及浮式防波堤的相对堤宽、防波堤结构相对吃水等。具体的设计方法如图 5.1 所示。

（1）根据目标海域特点和消浪性能要求以及结构使用年限，选择合适的防波堤构型为设计母型；

（2）依据浮式防波堤设计母型透射性能曲线或者相似构型透射系数和工程设计经验，确定堤宽 B 和吃水 D 初始值；

（3）在堤宽值 B 和吃水 D 初始值的基础上，结合设计母型的特点和要求，在满足结构强度和耐久性要求下设计构型各细部尺寸；

（4）依据数值模拟或物理模型试验结果校核并修订堤宽 B、吃水 D 和相关细部参数值。

初步设计阶段堤宽 B 和吃水 D 的确定方法请见本书 3.3 节关于堤宽和吃水的介绍。

图 5.1　浮式防波堤设计方法

2. 满足结构安全性要求

设计阶段，应尽量考虑在各种可能的不利载荷组合作用下，浮式防波堤具备足够承载强度和使用强度要求，保证使用期间结构不发生严重破损。因此浮式防波堤需要首先满足结构强度要求，关于结构强度校核部分可参考相关船舶结构强度设计方法[1-3]。此外，浮式防波堤的建造材料选择也是设计阶段需要考虑的重要因素，浮式防波堤需要在海上使用多年，对结构可靠性、耐久性以及耐腐蚀性的要求较高，材料选择需要综合多方因素确定，基于当前建造成本与建造技术成熟度，对于高海况可选用钢筋混凝土、钢结构等材料，对于较低海况可选用新型泡沫、聚氨酯等轻质材料。

3. 满足其他使用功能要求

为了降低浮式防波堤的成本，在消浪功能原有基础功能上，部分学者提出在防波堤构型上增设波浪能发电装置或者养殖网箱等装备，以便拓展浮式防波堤的功能。因此，浮式防波堤设计阶段除了满足消浪性能要求外（相对堤宽 B/L、相对吃水 D/L），还需要综合考虑波能发电或者养殖网箱等附加功能对结构形式的要求以及带来的运动响应等方面的影响。

5.2　典型浮式防波堤构型

5.2.1　方箱型浮式防波堤构型

1. 设计特点

方箱型浮式防波堤是当前所有防波堤构型中最为简单，也是研究历史最为悠久的构型。整体上方箱型防波堤具备结构形式简单、建造与运输方便等特点。此种构型浮式防波堤一般采用钢结构或者钢筋混凝土结构建造而成，几何形状多为长方形结构形式。堤宽一般控制在 15 m 以内，结构吃水深度在 1.5~4.0 m 左右，典型的结构形式如图 5.2 所示，众多的学者对其进行了研究与分析[4-8]。

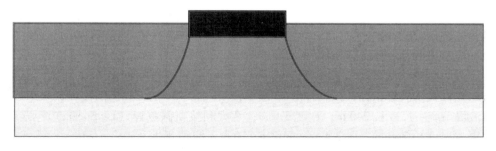

图 5.2　箱型浮式防波堤构型

2. 消浪机理

方箱型浮式防波堤主要依靠迎浪面的波浪反射来降低堤后波浪能量，主要是由于反射波浪与入射波有相位差，可在一定程度上消减入射波能量的消浪原理。已有的实验研究与理论分析结果表明，方箱型消浪效果取决于浮箱的挡水面积、相对堤宽比 B/L 以及系泊锚链刚度。Macagno[9]基于无上浪、固定、定常水深，假定条件推导出了方箱型浮式防波堤的透射系数计算表达形式：

$$K_t = \cfrac{1}{\sqrt{1 + \left[\cfrac{kB\sinh(kd)}{2\cosh(kd - kD)}\right]^2}} \qquad (5.1)$$

式中，K_t 为波浪透射系数；k 为入射波浪波数；B 为防波堤堤宽；D 为结构吃水；d 为水深。

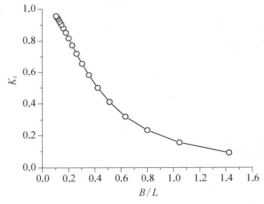

图 5.3　方箱型固定状态下透射系数（水深
20.0 m，结构吃水 2.0 m）

众多试验和数值计算结果表明，通常情况下方箱型浮式防波堤为实现透射系数小于 0.5 的效果，防波堤相对堤宽 B/L 通常需要超过 0.35，或者堤宽要大于波浪波长的 1/3 倍。图 5.3 给出了方箱型防波堤在固定状态下的透射系数，更为详细的方箱型浮式防波堤透射系数可以参见本书 3.3.3 节堤宽以及型深设计方法或者相关的研究论文。

3. 代表性工程实例

方箱型浮式防波堤工程实例较多（图 5.4），如苏格兰西海岸霍利湾（Holy Loch）浮式防波堤工程，该工程由 12 段单模块重量 40 t 的方箱型防波堤模块组成，防波堤系统主尺度长 240 m，宽度 3.8 m；意大利拉斯佩兹亚（La Spezia）浮式防波堤主尺度长 360 m，高 2.4 m，宽度 4~10 m；摩纳哥港（Monaco Pier）浮式防波堤，长 352.5 m，宽 28 m，吃水 16 m；希腊 2000 年建造的莱夫卡斯码头浮式防

(a) 苏格兰霍利湾浮式防波堤工程　　　　　　　(b) 意大利拉斯佩兹亚浮式防波堤

(c) 摩纳哥港浮式防波堤工程　　　　　　　(d) 加拿大葛洛夫浮式防波堤

(e) 希腊莱夫卡斯码头浮式防波堤

(f) 意大利加里波利港浮式防波堤

(g) 希腊迈索隆吉翁港口浮式防波堤

图 5.4　浮式防波堤典型工程案例[10,11]

波堤，长 288 m，宽度 3.0 m，用于小型船只停靠；意大利加里波利港浮式防波堤由 5 个长 12 m、宽 3 m 的单模块结构组成，上方有系泊配件和船用灯，下方由锚链和重块锚定，用于系泊游艇；希腊迈索隆吉翁港口浮式防波堤长 200 m，设计寿命 70 年，设计水深 9 m，风速 30 m/s，有效波高 2 m，周期 1~6 s，波长 60 m，极限波高 4 m。

日本 1994 年建造了卡农（Kan‑on）浮式防波堤工程，设计标准和详细尺寸见表 5.1[12]。浮式防波堤系统一共由两段组成，第一段由 3 个单元模块组成，第二段由两个单元模块组成，中间通过连接器连接，如图 5.5~图 5.7 所示。

表 5.1　日本卡农浮式防波堤设计标准[12]

工作水深		8.4 m
潮差		约 3.8 m
风速	正常工况	$V_{10} = 10$ m/s
	极限工况	$V_{10} = 33$ m/s
浪向		SSE‑S 向
波高	正常工况	$H_{1/3} = 0.5$ m，$T_{1/3} = 2.7$ s
	极端工况	$H_{1/3} = 2.2$ m，$T_{1/3} = 4.5$ s
流速	正常工况	0.2 m/s
	极端工况	0.3 m/s

其中第一段长 97.8 m、宽 20.0 m、高 3.5 m、设计吃水 2.5 m、排水量 4 500 t；第二段长 70.75 m、宽 21.0 m、高 3.5 m、设计吃水 2.5 m、排水量 3 090 t；建造材料为预应力混凝土与钢板结构、工作水深 8.5 m、相对吃水比为 0.29。

图 5.5　卡农（Kan‐on）浮式防波堤鸟瞰图[12]

图 5.6　卡农（Kan‐on）浮式防波堤（建造中）[12]

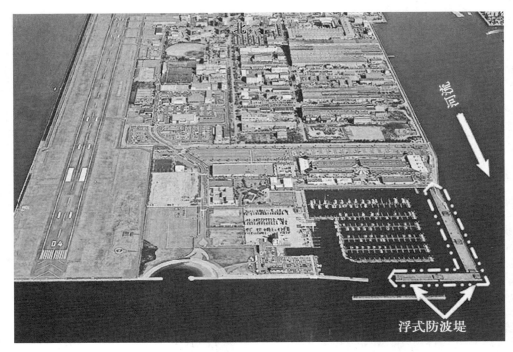

图 5.7　卡农（Kan－on）浮式防波堤（完工）[12]

5.2.2　双浮体型浮式防波堤构型

1. 构型特点

与单浮箱浮式防波堤相比，双浮箱可增加波浪反射，从而提供更佳的消浪效果，同时由于在同样质量前提下，浮式防波堤转动惯量增大，从而降低浮式防波堤的运动响应，典型双浮体浮式防波堤构型如图 5.8 所示。

2. 消浪机理

纯双浮体构型消浪机理与单浮体基本一致，都是通过结构物的反射达到消浪的目的，但是通过研究发现调整结构物的固有周期可以使双浮体防波堤透射系数小于 0.35。Williams 等[13]根据二维势流理论对两个刚性连接的浮箱和两个未连接的浮箱组成的浮式防波堤水动力特性分别进行了数值模拟研究，结果表明双浮箱浮式防波堤的消浪性能取决于堤宽、吃水、两浮箱间距和锚链的刚度。Williams[14]研究发现，在同样尺度下双浮体防波堤在中等恶劣海况和长周期波浪方面相比单方箱结构物具备更好的消浪性能。图 5.9～图 5.12 给出了一典型双浮体浮式防波堤的设计示意图及设计参数与反射系数的关系。

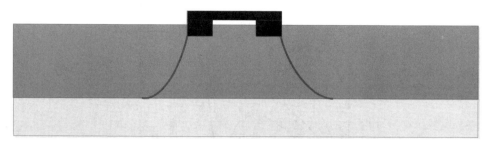

图 5.8　双浮体型浮式防波堤构型

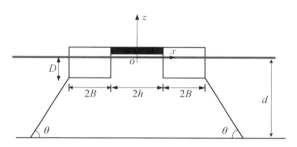

图 5.9　双浮体防波堤示意图[13]

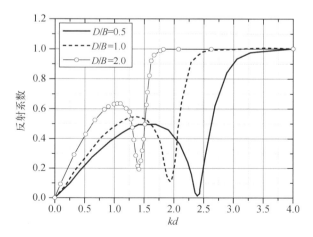

图 5.10　结构吃水与反射系数相对关系[13]

$(d/B = 5, \quad h/B = 1, \quad K/\rho g d = \infty)$

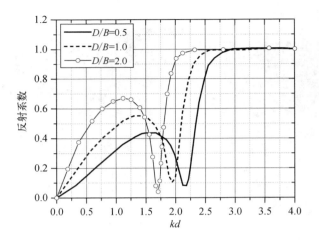

图 5.11　结构构型堤宽与反射系数相对关系[13]

($d/D = 5$，$h/D = 1$，$K/\rho gd = \infty$)

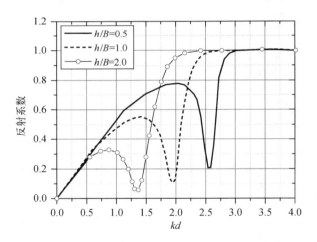

图 5.12　浮体结构间距与反射系数相对关系[13]

($d/B = 5$，$D/B = 1$，$K/\rho gd = \infty$)

5.2.3　筏式浮式防波堤构型

1. 构形特点

图 5.13 给出了常见的筏式浮式防波堤构型。此构型要求沿波浪传播方向上结构尺寸通常要达到波长一倍以上，这样才能起到有效的消浪效果，结构吃水通常比较小。20 世纪 60 年代末至 70 年代初期，英美等国家提出采用混凝土

(a) 波浪-马萨(Kamel and Davidson, 1968)[15]

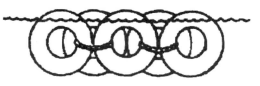
(b) 珍珠海(Canada)[15]

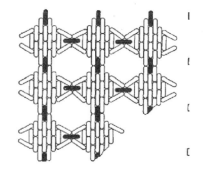
(c) 古德伊尔(McCartney, 1985)[16]

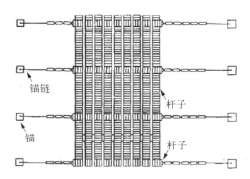
(d) 波浪防护(McCartney, 1985)[16]

(e) 惠斯波(WhisprWave, 2017)[17]

图 5.13 筏式浮式防波堤构型

十字箱、储水尼龙袋、应力混凝土梁构成漂浮平台面以及采用废旧轮胎制成浮式防波堤。

2. 消浪机理

筏式浮式防波堤主要依靠筏式结构物自身抑制水体质点升沉运动,降低水质点运动速度并将有规律的运动轨迹转化为杂乱的紊动从而达到消浪目的。此构型浮式防波堤以摩擦损耗波能为主，反射波能较小。为了降低波浪载荷，筏式浮式防波堤构型通常吃水较小，沿波浪传播方向上结构尺寸通常要达到一倍以上波长才能起到有效的消浪效果。通常筏式浮式防波堤的消浪性能需要通过模型试验或者数值计算来获得，典型筏式构型的透射系数如图 5.14 所示[18]。

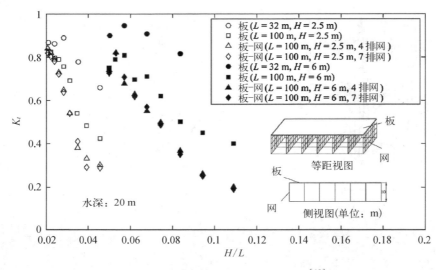

图 5.14　代表性筏式防波堤消浪性能[18]

5.3　新型防波堤构型

5.3.1　含消浪网双圆筒型浮式防波堤构型

1. 构型特点

含消浪网双圆筒型浮式防波堤构型是在传统水面消浪构型基础上，吸收了网式结构物消浪优点后融合而成的。含消浪网双圆筒型浮式防波堤采用水面消浪结构与水下消浪结构相结合的方式，水面结构物为双圆筒防波堤构型，水下部分为消浪网衣，典型的构型如图 5.15 所示。此构型较好地平衡了波浪载荷与消浪性能的矛盾，兼顾了水面消浪与水下消浪，相比同尺度方向型构型能提升消浪性能。双圆筒的构型设计通常与双浮体构型设计方法一致，水下消浪网衣的设计需要考虑水深影响，通常网衣需要选取合适的密实度和层数。

2. 消浪机理

为了提升浮式防波堤单位堤宽消浪性能，根据波浪理论和试验结果，波浪的

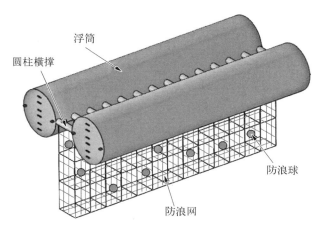

图 5.15 含柔性结构的圆筒型浮式防波堤示意图

能量主要集中在水体表层，水面以下 3 倍波高的水深范围内集中了全部波能的 98%。借鉴已有防波堤构型设计理念基础，在原有双浮体构型基础上增设水下消浪网箱，提升水下部分消浪性能。水面结构的结构特点与双浮体型结构一致。水下部分通过增加柔性网箱提高了防波堤对自由面以下部分波浪能量的消能性能，此外在柔性网箱中增加悬浮状态的漂浮小球。通过悬浮小球增加了柔性网箱的整体阻尼值和黏性能力，在进一步降低透射系数的同时不会大幅度增加结构波浪载荷和运动响应。

5.3.2 网箱型浮式防波堤构型

堤宽一直是影响消浪性能的关键参数，学者长期研究已明确增大堤宽可显著提高浮式防波堤的消浪性能[8-10,12,13]，但一味增大堤宽也有其弊端，增大堤宽会导致防波堤整体波浪载荷增大，最终造成结构强度和系泊系统难度增加。

为解决上述问题，结合网箱型具备一定消浪性能和经济性较好的特点，在双浮体基础上融合网衣构型，设计了双浮体网笼型浮式防波堤构型，如图 5.16 所示。设计初衷是在满足相对堤宽要求的同时减少波浪载荷以及建造用料，部分学者在单浮体基础上将两个单独浮式防波堤构型通过刚性连接形成双浮体构型。双浮体-网箱型浮式防波堤具备经济有效特点，可根据消浪性能需求来增大网箱尺寸，从而提升整个浮式防波堤的消浪性能，同时工程造价和波浪载荷不会大幅度增加。

网箱型浮式防波堤主要利用网衣等结构物与水面附近水体的相对运动产生摩擦作用，干扰水面附近的运动，从而衰减入射波浪。通常网箱型浮式防波堤可以

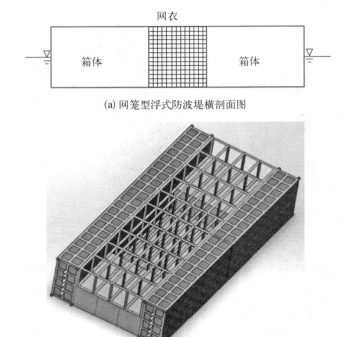

(a) 网笼型浮式防波堤横剖面图

(b) 网笼型浮式防波堤三维示意图

图 5.16　网笼型浮式防波堤单元构型

通过设计较宽的堤宽，当波浪越过防波堤顶部时，表面大面积的网会破碎入射波浪，从而实现较好的消浪效果。

5.4　浮式防波堤构型设计示例

5.4.1　双圆筒型浮式防波堤构型设计示例

根据本章第 3.3.3 节中的论述，浮式防波堤消浪性能关键因素是结构堤宽和吃水。为了满足堤宽的要求，部分学者在单浮体浮式防波堤基础上，将两个单浮箱构件通过刚性连接形成双浮体防波堤。从消浪机理分析，单模块构型与双模块构型在消浪机理上是一致的，没有本质的区别，但双浮体构型在相同堤宽下能减少材料用量，降低工程造价以及环境载荷。综合考虑工程实践和研究结果，建议选用双浮体构型。另外考虑到圆筒型防波堤比方箱型更为圆滑的形状，结构受力也更为合理，因此，结合已有的研究数据和工程经验，作者设计了双圆筒型浮式防波堤。

1. 环境条件与设计要求

工程海洋环境与消浪性能指标如下：

（1）极端恶劣海况，$H_{max} = 10.0$ m，$T_{max} = 10.0$ s；

（2）工作水深，$D = 30 \sim 40$ m；

（3）系泊要求符合 API 规范规定的安全系数要求；

（4）浮式防波堤运动响应控制在合理的范围内。

2. 堤宽设计

双圆筒型浮式防波堤堤宽参考方箱型构型消浪性能曲线。根据第三章 3.3.3
节堤宽设计方法中的图 3.9 可知方箱浮
式防波堤相对堤宽 B/L 大于等于 0.20，
堤宽下限值为 9.0 m，因此选取堤宽
为 10.0 m。根据堤宽要求结合双圆筒
结构形式，确定单个浮筒直径为 4 m，
两浮筒间距确定为 2.0 m，如图 5.17
所示。

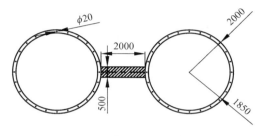

图 5.17 浮筒横剖面图（单位：mm）

3. 单模块结构长度

浮式防波堤单元模块长度需要综合考虑防波堤模块数量与浮式防波堤系统的
消浪性能、运动性能以及工程造价等因素。模块数量过多将急剧提升工程造价以
及系泊锚链数量，模块数量过少将增加系泊系统设计难度，不利于系泊安全。

根据第三章 3.3.5 节所述理论方法，根据剖面模数最小值方法来确定浮式防
波单模块堤长，为了便于计算，此处浮式防波堤结构形式参考方箱型构型横剖面
惯性矩。

浮式防波堤结构吃水：方案一 2.0 m；方案二 3.0 m；方案三 4.5 m。

浮式防波堤堤宽：10 m。

建造材料：Q235 钢材，$k_{材料}$取 1.0，屈服强度 235 MPa。

工程海域：A 级航区。

当前双圆筒浮式防波堤单个圆筒直径 4.0 m，吃水 2.0 m，计算得知浮式防波
堤单元长度上限值为 54.85 m（表 5.2）。因此，综合考虑浮式防波堤消浪性能、
结构强度和建造便利性要求，单模块浮式防波堤堤长选定为 20 m。

表 5.2 浮式防波堤单元堤长上限值

堤长确定方法	方案一（$d = 2.0$ m）	方案二（$d = 3.0$ m）	方案三（$d = 4.5$ m）
剖面模数 最小值方法	54.85 m	75.67 m	85.51 m

4. 建造材料

考虑到当前浮式防波堤建造的便利性和经济性，设计了钢筋混凝土的建造方案供读者参考。混凝土选用海洋工程混凝土 C50，GB 50010 – 2002《混凝土结构设计规范》规定受弯构件最小配筋百分率为 0.12 和 45 ft/fy[①] 中的较大值，在 C50 混凝土中的最小配筋率为 0.21%[11]。浮筒中布置 24 根钢筋，配筋率为 0.415 4%，以满足结构强度。根据已定堤宽 10 m，考虑浮力和重力，设计选取浮筒的外径为 4 m，内径为 3.7 m，长度为 20 m，用密度为 2 410 kg/m³海洋工程混凝土 C50，并在其中布置 24 根热轧带肋钢筋 HRB500，公称直径 20 mm，以满足结构强度。

浮筒之间的连接圆柱，设计选取直径为 50 cm，长度为 2 m，与两个浮筒组成的防波堤宽度为 10 m。连接圆柱同样采用密度为 2 410 kg/m³海洋工程混凝土 C50，并在其中布置 8 根热轧带肋钢筋 HRB500，直径 10 mm，以满足结构强度。将两个 20 m 长的浮筒和 14 根连接圆柱（等间距布置）作为一个防波堤单元模块。

5.4.2 双浮体网箱型浮式防波堤构型设计示例

为满足堤宽的要求，部分学者在单浮体浮式防波堤基础上，将两个单浮箱构件通过刚性连接形成了双浮体防波堤构型。双浮体防波堤消浪机理与单浮体构型消浪机理一致。目前浮式防波堤构型设计理念中除了利用结构物反射入射波浪之外，也可利用网衣等结构物与水面附近水体的相对运动产生摩擦作用、干扰水面附近的运动来衰减入射波浪，例如板-网型浮式防波堤。因此，本书借鉴板-网型浮式防波堤和双浮体型构型，结合已有的研究数据和工程经验，设计了由双浮箱体-网衣组成的网箱结构防波堤，详见图 5.16 所示。

方箱浮式防波堤由钢制桁架、耐腐蚀的橡胶双浮体、网箱组成，其中钢制桁架主要用于为构型提供框架和支撑作用，防止波浪载荷下结构失稳；橡胶双浮体嵌入于钢制桁架，位于结构前后两端，主要为构型提供足够的浮力；由网衣组成的网箱位于橡胶双浮体中央处，利用网衣与水体的相对运动产生摩擦和干扰水质点的运动原有轨迹，损耗和转移部分波浪能量，进而利用橡胶浮体产生的反射和网箱的损耗作用共同增强结构的消浪性能。此外，两个浮体之间的网箱由渔业上采用的网线组成，较钢制材料和钢筋混凝土材料造价低廉，采购方便。浮式防波堤堤宽是消浪性能的关键参数，因此，可根据消浪性能需求增大网箱尺寸，从而增大整个浮式防波堤的消浪性能。

---

① ft 为混凝土抗拉强度设计值，fy 为钢筋强度设计值。

1. 堤宽设计

为了对比说明浮式防波堤构型性能，对于网笼型浮式防波堤选取 4.7.1 节同样的海洋环境要素和设计参数，因此确定采用与 4.7 节双圆筒型浮式防波堤相同的主尺度参数，堤宽为 10 m，结构吃水为 2.0 m。

2. 单模块结构长度

浮式防波堤单元模块长度需要综合考虑防波堤模块数量与浮式防波堤系统的消浪性能、运动性能以及工程造价等因素。模块数量过多将急剧提升工程造价以及系泊锚链数量，模块数量过少将增加系泊系统设计难度，不利于系泊安全。根据第三章 3.3.5 节所述理论方法，根据剖面模数最小值方法来确定浮式防波单元堤长，为了便于计算，此处浮式防波堤结构形式参考方箱型构型。

浮式防波堤结构吃水：方案一 2.0 m；方案二 3.0 m；方案三 4.5 m。

浮式防波堤堤宽：10 m。

建造材料：Q235 钢材，$k_{材料}$ 取 1.0，屈服强度 235 MPa。

工程海域：A 级航区。

当前双圆筒浮式防波堤单个圆筒直径 4.0 m，吃水 2.0 m，因此计算得知浮式防波堤单元长度上限值为 54.85 m（表 5.3）。因此，综合考虑浮式防波堤消浪性能、结构强度和建造便利性要求，单模块浮式防波堤堤长选定为 20 m，符合要求。

表 5.3　浮式防波堤单元堤长上限值

堤长确定方法	方案一（$d = 2.0$ m）	方案二（$d = 3.0$ m）	方案三（$d = 4.5$ m）
剖面模数最小值方法	54.85 m	75.67 m	85.51 m

3. 建造材料

考虑到海洋腐蚀和结构形式选用钢结构为建造材料。钢制桁架涂有防腐材料，截面边长为 200 mm 的正方形的钢材，共计 10 根纵向钢材、10 根横向钢材和 25 根垂向钢材组成若干个长方形的框架。同时每个长方形框架内部有 40 mm 宽、20 mm 厚的小框架，上面有若干直径为 20 mm 的开孔，用于固定框架网衣结构。橡胶浮体由四个长 4.7 m、直径 3.6 m、壁厚 100 mm、中间为空心部分的橡胶体组成。橡胶体中空部分直径为 100 mm，用于穿过直径 100 mm 的钢柱。在主体框架垂向高度一半处，伸出 6 根长为 2 m 的钢材，上面布置有直径为 100 mm 和 50 mm 的开孔，将钢柱穿入孔中。钢柱上布置有直径 50 mm 的孔，与主体框架伸出钢材上的开孔对齐，插入螺丝等固定件，将浮力单元固定在主体框架上。

参 考 文 献

[1]　中国船舶工业集团公司. 船舶设计实用手册（结构分册）[M]. 3 版. 北京：国防工业出版社，2013.

[2]　刘向东. 船舶结构与强度[M]. 哈尔滨：哈尔滨工程大学出版社，2010.

[3]　陈庆强，朱胜昌，郭列，等. 整船有限元模型分析方法计算舰船的总纵强度[J]. 船舶力学，2004，8（1）：79 - 85.

[4]　Bottin Jr R R, Turner K A. Seabrook lock complex, Lake Pontchartrain, LA：Design for wave protection at lock entrance：Hydraulic model investigation[R]. Technical Report HL - 80 - 87. U. S. Army Engineer Waterways Experiment Station, 1980.

[5]　Carver R D. Floating breakwater wave-attenuation tests for East Bay Marina, Olympia Harbor, Washington [R]. Technical Report HL - 79 - 13. U. S. Army Engineer Waterways Experiment Station, 1979.

[6]　Hay D. Considerations for the design of a floating breakwater[R]. Department of Public Works of Canada, Vancouver, 1966.

[7]　Ofuya A O. On floating breakwaters[R]. Research Report No. CE - 60. Queen's University, Kingston, 1968.

[8]　Drimer N, Agnon Y, Stiassnie M. A simplified analytical model for a floating breakwater in water of finite depth[J]. Applied Ocean Research, 1992, 14：33 - 41.

[9]　Macagno E O. Fluid mechanics — experimental study of the effects of the passage of a wave beneath an obstacle[J]. Proceedings of the Academic des Sciences, Paris, 1953.

[10]　Dai J, Wang C M, Utsunomiya T, et al. Review of recent research and developments on floating breakwaters [J]. Ocean Engineering, 2018, 158：132 - 151.

[11]　Bellingham Marine. 漂浮式防波堤 UNIFLOAT® [EB/OL]. https://www.nauticexpo.cn/prod/cmferrer-s-a-bellingham-marine-europe/product-22401-95915.html[2022 - 12 - 20].

[12]　Kusaka T, Ueda S. Ujina Floating Ferry Pier and Kan-On floating breakwater, Japan[C]//Wang C, Wang B. Large Floating Structures. Singapore：Springer, 2015.

[13]　Williams A N, Abul-Azm A G. Dual pontoon floating breakwater[J]. Ocean Engineering, 1997, 24（5）：465 - 478.

[14]　Williams A N, Lee H S, Huang Z. Floating pontoon breakwaters[J]. Ocean Engineering, 2000, 27（3）：221 - 240.

[15]　Kamel A M, Davidson D D. Hydraulic characteristics of mobile breakwaters composed of tires or spheres [R]. Hydraulic Engineering Reports, 1968.

[16]　McCartney B L. Floating breakwater design[J]. Journal Of Waterway Port Coastal And Ocean Engineering, 1985, 111（2）：304 - 318.

[17]　WhisprWave. Medium floating wave attenuator [EB/OL]. http://www. whisprwave. com/products/wave-attenuators/medium-floating-wave-attenuator/[2023 - 3 - 20].

[18]　Dong G H, Zheng Y N, Li Y C, et al. Experiments on wave transmission coefficients of floating breakwaters [J]. Ocean Engineering, 2008, 35（8 - 9）：931 - 938.

第六章　浮式防波堤总体性能分析方法

6.1　概　　述

浮式防波堤作为一种用于消减波浪的浮式结构物，消浪性能是最为重要的技术指标，因此国内外学者对消浪性能研究得比较多，然而浮式防波堤作为漂浮水面的浮体，除了消浪性能之外，浮性、抗沉性和运动性能也是衡量浮式防波堤性能的指标。当前由于浮式防波堤工程应用较少，关于浮性、抗沉性、稳性等方面规范尚未给出明确的要求。本书结合多年研究成果，参考船舶浮性、抗沉性等方面的知识介绍浮式防波堤重量、重心位置、浮性和抗沉性等总体性能设计原则和基本方法。

6.2　浮式防波堤重量与重心估算方法

浮式防波堤设计基本要求之一是浮式防波堤必须按照预定状态漂浮在水面上，此处参考船舶的重量与中心估算方法进行浮式防波堤的重量与重心估算。浮式防波堤的重量与重心估算准确与否与浮式防波堤消浪性能以及系泊系统密切相关，因此需对浮式防波堤重量与重心进行估算，确保排水量和重心位置满足设计要求。

根据阿基米德原理，物体在水中所受到的浮力等于物体排开水的体积所产生的重力，因此浮体所受到的浮力等于浮体所排开水的重量，故有如下表达形式：

$$\Delta = \rho \nabla \tag{6.1}$$

根据浮力和重量相等，即

$$\sum_{i=1}^{n} W_i = \rho \nabla \tag{6.2}$$

6.2.1　重量估算方法

类似于船舶结构，浮式防波堤总重量是浮式防波堤各项重量之和。浮式防波堤除了考虑自身结构重量之外，还需要包含固定压载、必要的附属设备、重量修正值等方面重量。具体计算表达式如下（单位：t）：

$$\Delta = \sum W_i = W_1 + W_2 + W_3 + W_4 + W_5 + W_6 \tag{6.3}$$

W_1 为浮式防波堤主体结构材料重量，对于浮式防波堤钢料重量可采用基于有限元模型或结构优化的重量估算方法。具体方法如下：根据设计方案在有限元软件建立结构模型，确定结构参数（结构元件尺寸）与材料属性参数后即可得到浮式防波堤主体结构材料重量。

W_2 为浮式防波堤附属设施重量，例如止链器、各模块连接结构、消浪网、电器等必要舾装设备重量，上述附属结构的重量由相关的设备供货商提供，或者同样采用基于有限元模型和结构优化的重量估算方法。

W_3 为浮式防波堤压载重量，例如固态压载重量或者液态压载重量，压载重量根据浮式防波堤舱室布置方案结合排水量、浮态、稳性要求确定。浮式防波堤设置固定压载的主要原因如下：① 利用固定压载降低浮式防波堤重心高度，加大初稳性高度，增大稳性。② 原浮式防波堤自重太小，用固定压载增大吃水和排水量，达到预定设计吃水。③ 因浮式防波堤单元模块特殊要求，例如一侧需要布置波浪能发电装置或者一端需要布置连接结构，导致浮态不理想，存在横倾和纵倾现象，需要加固定压载来调整浮式防波堤的浮态，保证浮式防波堤浮态符合要求。

W_4 为浮式防波堤重量修正值，包含因钢材焊接增加焊材重量以及钢厂出厂板材正工差造成增加总重量以及建造过程中涂刷的防腐涂装重量。其中焊材重量建议根据钢结构重量的 5% 估算，板材正误差增重值建议至少取板材厚度 5% 估算，防腐涂装重量根据涂装面积、厚度、涂料类型、密度等确定。

W_5 为浮式防波堤系泊系统的初张力产生浮式防波堤增重重量，根据锚链初张力值计算得到。

W_6 为浮式防波堤系统的其他设施重量，例如下方悬挂的网衣系统重量等。

6.2.2　重心估算方法

若已知各分项重量 W_i 的重心位置（坐标为 x_i, y_i, z_i），则浮式防波堤重心位置 (x_G, y_G, z_G) 可按照下式求得[1]：

$$x_G = \frac{\sum\limits_{i=1}^{n} W_i x_i}{\sum\limits_{i=1}^{n} W_i}, \quad y_G = \frac{\sum\limits_{i=1}^{n} W_i y_i}{\sum\limits_{i=1}^{n} W_i}, \quad z_G = \frac{\sum\limits_{i=1}^{n} W_i z_i}{\sum\limits_{i=1}^{n} W_i} \tag{6.4}$$

　　为了避免浮式防波堤处于横倾状态，在建造和使用过程中，要求其重心处于结构物中纵剖面上，即 $y_G = 0$。

6.2.3　重心实际位置确定方法

　　受到诸多因素影响，浮式防波堤设计阶段重量和重心位置与建造后的实际重量和重心位置有一定的差异，所以浮式防波堤建造完成后需要进行类似于船舶的倾斜试验，利用倾斜试验数据检验浮式防波堤重量和重心实际位置。

　　1. 倾斜试验的原理

　　当浮式防波堤正浮于水线 WL 时，其排水量为 Δ。若将浮式防波堤 A 点处的重量 G_0 横向移动某一距离 l 至 A_1，则浮式防波堤将产生横倾并浮于新水线 W_1L_1，如图 6.1 所示。

$$\tan \theta = \frac{WL}{\Delta \, \overline{GM}} \qquad (6.5)$$

或者上述可以写成：

$$\theta = \mathrm{tg}^{-1}(WL/\Delta \, \overline{GM}) \qquad (6.6)$$

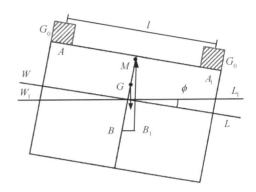

图 6.1　横向移动重量浮式防波堤横倾

其中，$\overline{GM}$ 为试验防波堤的初重稳距（初稳性高, m）；W 为试验时的移动重量（t）；Δ 为空船排水量（t）；l 为每组重量移动的距离（m）；θ 为防波堤横倾角（°）。

　　2. 倾斜试验方法[2]

　　试验前需要测量浮式防波堤首部与尾部吃水以及试验当天海水密度、风速、风向，以便精确计算出排水量。此外试验还需要满足一定的环境要求，具体要求如下：

　　（1）试验应在风力不大于蒲氏 2 级的条件下进行。

　　（2）试验最好安排在船坞内进行，若条件所限，也可在相对平静的水域进行，但应尽量避开对试验水域的外来干扰。

　　（3）防波堤四周及水下应有足够的空间，使防波堤在试验过程中均处于自由漂浮状态而不致碰到任何障碍物。

　　（4）防波堤若需系缆定位，其系泊缆索应有足够长度。防波堤系缆应系于船首的纵中线面上，且宜尽量靠近水面处，在读取数据时，缆绳应处于松弛状态，以保证防波堤能自由漂浮和自由横倾。

　　倾斜试验所用的移动重物一般是生铁块，根据浮式防波堤结构形式（图 6.2）

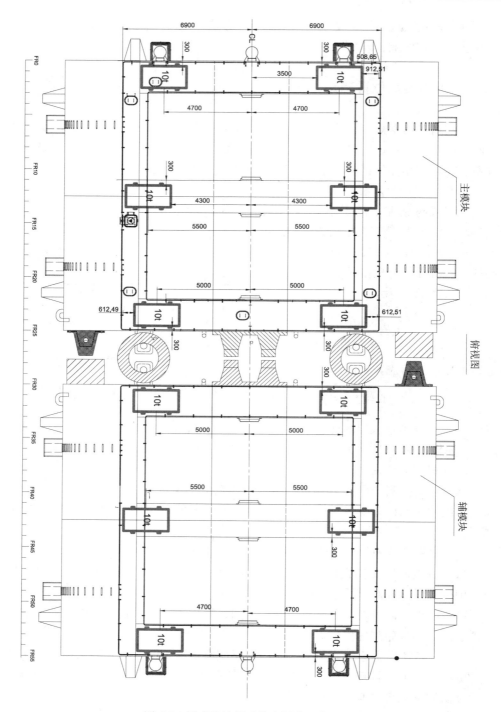

图 6.2　浮式防波堤重块实际布置位置图

所示，布置在防波堤甲板位置处，每组重量相等。为了保证形成足够的倾斜力矩，降低误差值，移动重物产生的力矩使防波堤能产生2°左右的横倾角。横倾角的测量一般采用摆锤进行测量，摆锤用细绳挂在防波堤 O 点处，下端安装有水平标尺和水槽，摆绳长度尽量取大，减小测量误差。

6.3　重心调整方法

浮式防波堤在建造过程中多种因素，如钢材的精度、施工标准、焊接工艺、合拢方式、附属设施重量、实际安装时锚链张力等，都会造成结构实际重心位置与设计值存在差异，因此浮式防波堤设计时预备重心调整方案，以便确保浮式防波堤重心实际值与设计值满足要求。当前对于浮式防波堤的重心调整方法一般采用固态压载和液体压载相结合的方式。

具体方法如下：若已知各项重量 W_i 的重心位置（坐标为 x_i, y_i, z_i）以及各个构件实际重量与理论重量差值 ΔW_i，则为保证浮式防波堤重心位置仍旧在原有位置（x_G, y_G, z_G）处，则需要，可按照下式求得原有的重心位置[1]：

$$x_G = \frac{\sum\limits_{i=1}^{n} W_i x_i}{\sum\limits_{i=1}^{n} W_i}, \quad y_G = \frac{\sum\limits_{i=1}^{n} W_i y_i}{\sum\limits_{i=1}^{n} W_i}, \quad z_G = \frac{\sum\limits_{i=1}^{n} W_i z_i}{\sum\limits_{i=1}^{n} W_i} \tag{6.7}$$

根据各个构件实际重量调整方案[1]：

$$x_G = \frac{\sum\limits_{i=1}^{n} (W_i + \Delta W_i) x_i + \sum\limits_{i=1}^{n} W_i' x_i'}{\sum\limits_{i=1}^{n} (W_i + \Delta W_i + W_i')}, \quad y_G = \frac{\sum\limits_{i=1}^{n} (W_i + \Delta W_i) y_i + \sum\limits_{i=1}^{n} W_i' y_i'}{\sum\limits_{i=1}^{n} (W_i + \Delta W_i + W_i')},$$

$$z_G = \frac{\sum\limits_{i=1}^{n} (W_i + \Delta W_i) z_i + \sum\limits_{i=1}^{n} W_i' z_i'}{\sum\limits_{i=1}^{n} (W_i + \Delta W_i + W_i')}$$

$$\tag{6.8}$$

可知为了保证实际重心位置不变，必须保证下列四式：

$$\sum_{i=1}^{n} \Delta W_i x_i + \sum_{i=1}^{n} W_i' x_i' = 0 \tag{6.9a}$$

$$\sum_{i=1}^{n} W_i' y_i' + \sum_{i=1}^{n} \Delta W_i y_i = 0 \tag{6.9b}$$

$$\sum_{i=1}^{n} W_i' z_i' + \sum_{i=1}^{n} \Delta W_i z_i = 0 \qquad (6.9c)$$

$$\sum_{i=1}^{n} (\Delta W_i + W_i') = 0 \qquad (6.9d)$$

理论上需要满足式（6.9）中的四个等式，但是在实际建造后期是很难同时满足上述四个表达式，特别是 z 方向等式（6.9c），因此只要浮式防波堤实际建造后的 $\overline{GM}$ 值满足稳性要求，建议满足式（6.9a）、（6.9b）、（6.9d）即可。

6.4 浮 性 与 稳 性

浮式防波堤作为一种浮式结构物，漂浮于水面，在风、浪、流作用下会发生偏移其原有平衡位置的现象，为了保证浮式防波堤具备恢复到原有平衡位置的能力，浮式防波堤必须具备一定的浮性和稳性。

浮性是指浮体在一定装载的情况下漂浮在水面（浸没水中）保持平衡位置的能力，它是浮体的基本性能之一。稳性通常指船舶等浮体在外力作用下（波浪、风等环境载荷）偏离其平衡位置而倾斜，当外力消失后能自行恢复到原来平衡位置的能力，或者说浮体的稳性是浮体在外力消失后保持其平衡位置的能力。结合浮式防波堤的自身结构特点，浮式防波堤的浮性、稳性、抗沉性与船舶等常见浮体既有相同点又有区别。相同点在于浮式防波堤类似于船舶、浮式平台结构，都需要满足浮体浮性和稳性的要求，即满足重力与浮力相平衡的要求，同时也有具备一定稳性能力要求，以保证浮式防波堤漂浮在水面时具有"不倒翁"的特点。不同点在于，船舶通常在满载航行或者正常使用状态时，默认处于正浮态或者稍微有尾倾状态，即船舶的纵向重心位置略微偏向船尾方向。浮式防波堤系统一般由多个模块连接组成，而船舶、浮式平台等属于单浮体结构，为保证多个模块组成的浮体结构浮性和稳性，多模块浮式防波堤系统其重心位置的纵向和横向坐标值通常确定在浮式防波堤系统的中心位置处。

6.4.1 浮式防波堤浮力及平衡条件

浮式防波堤漂浮于水面一定位置时，是一个处于平衡状态的浮体，因此作用在浮式防波堤上的力，包含浮式防波堤自身的重力以及静水压力所形成的浮力。作用在浮式防波堤上的重力由浮式防波堤自身各个部分重力组成，如浮式防波堤结构、设备、止链器、压载等的重力。这些重力形成一个垂直向下的合力，此合力就是浮式防波堤的重力 W，其作用点 G 称为浮式防波堤的重心。如图 6.3 所

示，漂浮于水面某位置的浮式防波堤，其浸水表面受到静水压力，上述静水压力
方向都是垂直于结构物表面，力的大小与水深成正比关系，并且浮式防波堤水下
部分静水压力的水平分量相互抵消，
垂直分量则形成一个垂直向上的合
力，此合力就是支持浮体漂浮于一定
位置的浮力，合力的作用点 B 成为
浮体的浮心[3,4]。根据阿基米德原
理，物体在水中所受到的浮力等于物
体排开水的体积所产生的重力。因此
浮体所受到的浮力在数值上就等于浮
体所排开水的重量：

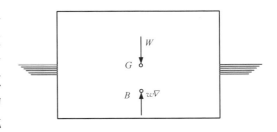

图 6.3 浮心与重心示意图

$$F_浮 = \rho_液 \, g V_排 \tag{6.10}$$

6.4.2 稳性

浮体漂浮于某位置时只受到两个作用力，分别是作用于重心 G 点并垂直向下
的重力 W 和作用于浮心 B 点并垂直向上的浮力[4]（图 6.4）。因此任何浮体保持
平衡条件如下：

（1）重力与浮力大小相等方向相反；

（2）重心与浮心在同一铅垂线上；

（3）稳性条件。

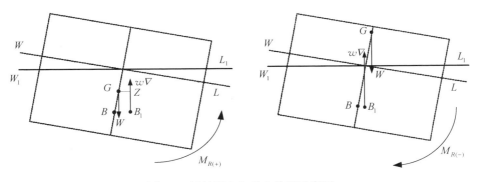

图 6.4 浮体浮心与重心位置示意图

浮式防波堤不同于船舶，船舶为了便于运输和人员工作与生活需要，在船体
上层建筑和甲板上都有开孔非水密性舱室，而浮式防波堤通常无人员在其结构内

工作，因此可以设计成水密型结构。浮式防波堤相比船舶其稳性要求略低。因此此处参考《非国际航行海船法定检验技术规则》[5]中对稳性的要求，浮式防波堤的稳性应满足稳性衡准数 K 和初稳性高要求。

1. 稳性衡准数 K

$$K = \frac{M_q}{M_f} \geqslant 1.3 \tag{6.11}$$

式中，K 为稳性衡准数；M_q 为最小倾覆力矩，表示浮式防波堤在最危险情况下抵抗外力矩的极限能力；M_f 为外力倾斜力矩，表示在恶劣海况下风等环境对浮式防波堤作用的动倾力矩。

2. 初稳性高

（1）浮式防波堤初稳性高不应小于 0.15 m。

（2）浮式防波堤横倾角 φ = 30° 处回复力臂应不小于 0.2 m。

（3）浮式防波堤最大复原力臂所对应的横倾角 $\varphi_{\max}$ 应不小于 30°。

6.5 抗 沉 性

浮式防波堤在使用过程中，在超设计工况环境下或者船舶碰撞等偶然事故条件下可能造成结构局部破损后海水涌入舱室内。上述现象虽属于偶然性事件，但单个浮式防波堤模块进水沉没后会造成整个系泊系统形态发生改变，整体结构吃水增大，造成系泊系统受力发生变化，最终威胁浮式防波堤系统安全性。因此，为了提高超设计工况环境或者船舶碰撞后浮式防波堤系统的生存能力，有必要保证浮式防波堤具备一定的抗沉性，以便维修，此处参考船舶工业常用的方法，即用水密舱壁将浮式防波堤分隔成适当数量的舱室，要求当一个或者多个舱室进水后浮式防波堤不至于沉没。当前国内外尚未有浮式防波堤的设计规范或指导意见，因此作者前期研究成果结合船舶破舱稳性要求，给出了浮式防波堤抗沉性设计原则与方法。

当前船舶规范中对于破舱稳性通常采用两种方法，第一种方法是确定性计算方法，第二种方法是概率衡准方法。确定性计算方法是规定了破损的范围、位置以及破舱前的状态，确定一个或者多个最危险破损舱或者破损舱组，计算出破舱后的浮态和稳性，按照规定的残存条件来衡准是否满足破舱稳性要求[6,7]。

概率衡准方法是指船舶破损时的环境参数和自身状态，都具有随机性，因此将船舶破损淹水后的残存概率作为抗沉可靠性的安全水平，在船舶分仓完毕之后计算，属于校核计算[6,7]。

对于浮式防波堤破舱稳性校核本书采用确定性方法，即满足一定数量舱室破损后，剩余完整舱室提供的总浮力大于防波堤自重以及舱室进水重量，则认为满足浮式防波堤不沉要求：

$$F_{浮} > k \left(W_{自重} + \sum_{i=1}^{n} W_i \right) \tag{6.12}$$

式中，$F_{浮}$为浮式防波堤单个舱室或者多个舱室进水后浮式防波堤剩余浮力；$W_{自重}$为浮式防波堤自重；n为任意进水舱室数，n取值建议≥3；W_i为浮式防波堤舱室进水后增加重量；k为安全系数，建议取1.05～1.1。

6.6 算 例

6.6.1 单模块浮式防波堤重量、重心估算算例

本书以一双圆筒型两模块浮式防波堤为例，进行其中一单模块的重量、重心估算。该双圆筒型浮式防波堤单模块长，宽、吃水及外形如图6.5所示，舱室布置如图6.6与图6.7所示，主体参数如表6.1所示。

表 6.1 双模块浮式防波堤主尺度

长/m	宽/m	高/m	吃水/m	重量/t
36	23	10	3.9	1 756

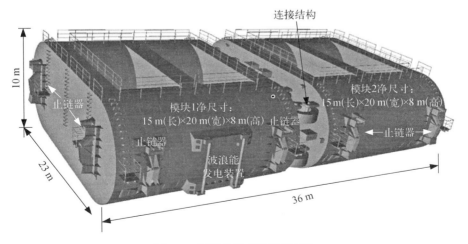

图 6.5 两模块浮式防波堤结构

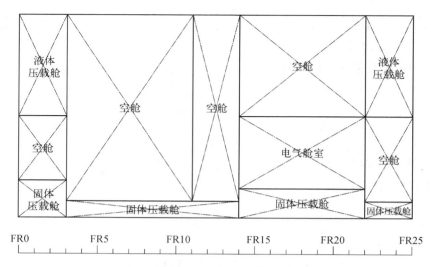

图 6.6　浮式防波堤中纵剖面舱室布置图

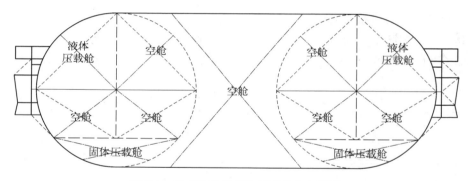

图 6.7　浮式防波堤 F22 剖面舱室布置图

　　根据公式（5.4）和浮式防波堤单元模块总重量 853.32 t，可以计算出浮式防波堤单模块重心位置为（$x=7.82$，$y=0.005$，$z=3.362$）。另一模块也采用同样的计算方法，最终可知两个模块浮式防波堤重心位置除了 z 值之外位于结构的中心位置处。具体计算结果见表 6.2~表 6.4。

表 6.2　浮式防波堤单模块主体结构重量与重心

序号	项 目 名 称	重量 W_i/t	重 心			力 矩		
			x	y	z	$W_i x_i$	$W_i y_i$	$W_i z_i$
1	301P 分段	74.10	1.96	5.35	4	145.2	396.4	296.4
2	301S 分段	71.59	2	−5.54	4	143.2	−396.6	286.4

续　表

序号	项目名称	重量 W_i/t	重　心			力　矩		
			x	y	z	W_ix_i	W_iy_i	W_iz_i
3	302P 分段	134.45	11.58	4.88	4.08	1 556.9	656.1	548.6
4	302S 分段	128.50	11.63	−5.07	3.9	1 494.5	−651.5	501.2
5	焊材（取5%）	20.43	7.5	0	0	153.2	0.0	0.0
6	板厚余量（取5%）	20.43	7.5	0	0	153.2	0.0	0.0
7	防腐涂装	12.45	7.5	0	0	93.375	0.0	0.0

表 6.3　浮式防波堤单模块附属结构——止链器重量与重心

序号	项目名称	重量 W_i/t	重　心			力　矩		
			x	y	z	W_ix_i	W_iy_i	W_iz_i
1	止链器1	18	2.25	−10.377	4.267	40.5	−186.786	76.806
2	止链器2	18	12.75	−10.377	4.267	229.5	−186.786	76.806
3	止链器3	18	12.75	10.378	4.266	229.5	186.804	76.788
4	止链器4	18	2.25	10.377	4.267	40.5	186.786	76.806
5	止链器5	17	−0.545	6.45	4.238	−9.265	109.65	72.046
6	止链器6	17	−0.545	−6.45	4.238	−9.265	−109.65	72.046

表 6.4　浮式防波堤单模块附属结构——消浪网重量与重心

序号	项目名称	重量 W_i/t	重　心			力　矩		
			x	y	z	W_ix_i	W_iy_i	W_iz_i
1	消浪网	1.56	7.50	0.0	4.0	93.375	0.0	49.80

对于浮式防波堤在建造过程中理论重量与实际加工件之间存在重量误差 Δ，因此建成后的浮式防波堤重心位置不可能正好等于理论计算值，需要调整浮式防波堤的压载舱（固态、液体压载舱室）以便达到保证浮式防波堤重心位置。如表 6.5 所示，S1、S6、P1、P6 四个液体压载舱在理论计算阶段都是仅计算少量液体压载量（非满舱），因此这四个液体压载舱都可以用于调整重心位置。根据公式（6.9）计算调整四个压载舱的压载量最终达到保证重心位置的目的，此处不再赘述。

表 6.5　浮式防波堤单模块附属结构——压载重量与重心

序号	项目名称	重量 W_i/t	重心			力矩		
			x	y	z	W_ix_i	W_iy_i	W_iz_i
1	固态配重 P8	27.57	0.900	6.000	0.890	24.812	165.415	24.540
2	固态配重 P9	32.63	5.100	6.000	0.407	166.409	195.775	13.273
3	固态配重 P10	19.02	10.800	6.000	0.714	205.446	114.137	13.583
4	固态配重 P11	8.90	14.100	6.000	0.407	125.474	53.393	3.620
5	固态配重 S8	27.57	0.900	−6.000	0.890	24.812	−165.415	24.540
6	固态配重 S9	32.63	5.100	−6.000	0.407	166.409	−195.775	13.273
7	固态配重 S10	19.02	10.800	−6.000	0.714	205.446	−114.137	13.583
8	固态配重 S11	8.90	14.100	−6.000	0.407	125.474	−53.393	3.620
9	液态压载舱 S1（非满舱）	10.00	0.900	−7.788	5.100	9.000	−77.875	51.000
10	液态压载舱 P1（非满舱）	10.00	0.900	7.788	5.100	9.000	77.875	51.000
11	液态压载舱 S6（非满舱）	10.00	14.100	−7.788	5.100	141.000	−77.875	51.000
12	液态压载舱 P6（非满舱）	10.00	14.100	7.788	5.100	141.000	77.875	51.000

6.6.2　单模块浮式防波堤抗沉性校核算例

浮式防波堤舱室布置如图 6.8~图 6.11 所示，其不同吃水工况下排水体积和排水量见表 6.6 与表 6.7。防波堤共分为 15 个舱室，其中固体压载舱两个，密封空

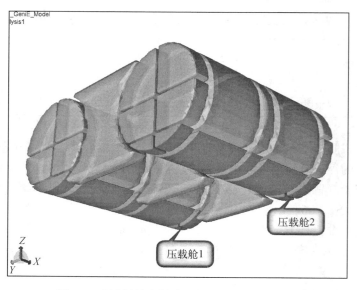

图 6.8　防波堤舱室划分示意图（底部压载舱）

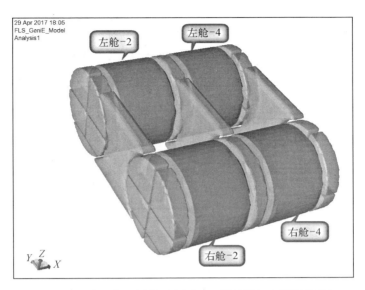

图 6.9 防波堤舱室划分示意图（双圆筒结构主要压载舱）

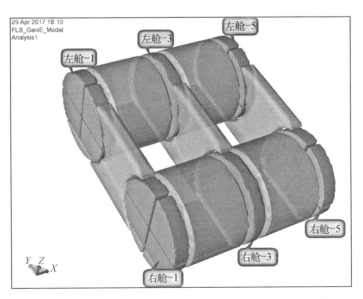

图 6.10 防波堤舱室划分示意图（双圆筒结构次要压载舱）

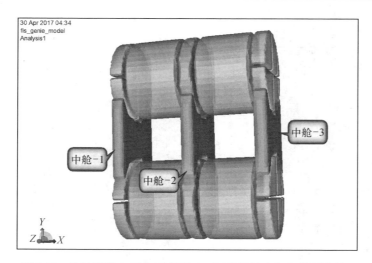

图 6.11　防波堤舱室划分示意图（双圆筒结构中间部位压载舱）

表 6.6　浮式防波堤单元舱室容积

舱室编号	排水体积/m³	最大提供浮力/t	舱室编号	排水体积/m³	最大提供浮力/t
左舱-1	68.31	70.01	右舱-1	68.31	70.01
左舱-2	239.07	245.05	右舱-2	239.07	245.05
左舱-3	68.31	70.01	右舱-3	68.31	70.01
左舱-4	239.07	245.05	右舱-4	239.07	245.05
左舱-5	68.31	70.01	右舱-5	68.31	70.01
压载舱-1	70.91	—	压载舱-2	70.91	—
中舱-1	68.60	70.32	中舱-3	68.60	70.32
中舱-2	68.60	70.32	—	—	—

注：密度 $\rho = 1\,025\ \text{kg/m}^3$。

表 6.7　浮式防波堤单元模块排水体积

吃水/m	排水体积/m³	排水量/t	变化量/t
0.00	0.00	0.00	0.00
0.50	59.28	60.77	60.77
1.00	145.01	148.63	87.86
1.20	183.71	188.31	39.68
1.25	193.71	198.55	10.24
1.50	245.55	251.69	53.14
1.75	299.87	307.37	55.68

吃水/m	排水体积/m³	排水量/t	变化量/t
2.00	356.42	365.33	57.96
2.25	414.83	425.20	59.87
2.50	474.72	486.59	61.39
2.75	536.04	549.44	62.85
3.00	598.29	613.25	63.81
3.25	661.39	677.93	64.68
3.50	725.19	743.32	65.39
3.75	789.27	809.01	65.69
3.90	827.86	848.55	39.54
4.00	853.64	874.98	26.43
4.25	918.00	940.95	65.97
4.50	982.08	1 006.63	65.68
4.75	1 045.86	1 072.01	65.38
5.00	1 108.97	1 136.69	64.68
5.25	1 171.22	1 200.50	63.81
5.50	1 232.52	1 263.34	62.84
5.75	1 292.42	1 324.73	61.39
6.00	1 350.83	1 384.60	59.87
6.25	1 407.38	1 442.56	57.96
6.50	1 461.69	1 498.24	55.68
6.75	1 513.53	1 551.37	53.13
7.00	1 562.22	1 601.28	49.91
7.25	1 607.35	1 647.53	46.25
7.50	1 647.95	1 689.15	41.62
7.75	1 682.56	1 724.63	35.48
8.00	1 707.30	1 749.98	25.35

舱共 13 个。浮式防波堤单元模块总重量为 848.55 t，需要排水体积为 827.86 m³，防波堤完整情况下可以提供 1 611.24 t 的排水量（排除固体压载舱的排水量）。

1. 一舱破损工况

假定最大舱室左舱-2、左舱-4、右舱-2 或右舱-4 中发生一舱破损，防波堤损失总排水量为 245.05 t，剩余总浮力能力 1 366.17 t，远大于 848.55 t，因此满足防波堤一舱破损不沉。

2. 二舱破损工况

假定最大舱室左舱-2、左舱-4、右舱-2 或右舱-4 中发生两舱破损，防波堤损失总排水量为 490.10 t，剩余总浮力能力 1 121.12 t，远大于 848.55 t，因此满足防波堤两舱破损不沉。

3. 三舱破损工况

假定最大舱室左舱-2、左舱-4、右舱-2或右舱-4中发生三舱破损,防波堤损失总排水量为735.15 t,剩余总浮力能力876.07 t,稍大于848.55 t,因此满足防波堤三舱破损不沉。

4. 四舱破损工况

假定最大舱室左舱-2、左舱-4、右舱-2和右舱-4中发生四舱破损,防波堤损失总排水量为980.2 t,剩余总浮力能力631.02 t,小于848.55 t,因此同时四个大舱破损,防波堤将发生沉没事件。

假定最大舱室左舱-2、左舱-4、右舱-2或右舱-4中发生两舱破损,同时其他舱室任意两个舱室破损,防波堤损失总浮力最大为630.74 t,剩余总浮力能力为980.48 t,大于848.55 t,因此防波堤满足部分四舱破损不沉。

参 考 文 献

[1]　哈尔滨工业大学理论力学教研室. 理论力学[M]. 北京:高等教育出版社,2018.
[2]　国防科学技术工作委员会. 船舶倾斜试验[S]. CB/T 3035 - 2005,2005.
[3]　顾敏童. 船舶设计原理[M]. 上海:上海交通大学出版社出版,2001.
[4]　盛振邦,刘应中. 船舶原理[M]. 上海:上海交通大学出版社,2003.
[5]　中华人民共和国海事局. 海上移动平台法定检验技术规则[S]. 北京:中华人民共和国海事局,2016.
[6]　方学智. 船舶设计原理[M]. 2 版. 北京:清华大学出版社,2014.
[7]　中国船级社. 海上移动平台入级规范[S]. 北京:中国船级社,2016.

第七章　浮式防波堤系泊系统设计方法

7.1　概　　述

浮式结构物漂浮于海上，不可避免受到海洋环境要素作用，为满足功能要求，必须控制其运动响应并进行定位，因此对于海上漂浮结构物系泊系统设计极为重要。目前海上浮式结构物通常采用两种定位系统，即系泊定位系统和动力定位系统。系泊定位系统相比动力定位系统具有结构简单、可靠性高、经济性好的优点。浮式防波堤对风浪作用下的运动定位精度要求并不高，因此从经济性角度，浮式防波堤定位主要采用系泊定位系统。

系泊定位系统当前主要有两种形式，即悬链线系泊定位系统和张紧式系泊定位系统（图 7.1、图 7.2）。悬链线系泊系统应用范围广，其通过悬垂的钢链、缆索将水面的浮式结构物与海底的锚或者锚桩连接在一起。系泊系统在浮式结构物周围通常呈对称布置，多采用锚链和钢丝绳来系泊浮体，每根锚链呈悬链线形状，当平台因环境载荷作用而产生偏移时，系泊缆将提离或者下沉到海底，系泊缆的张力随之增大或减小，因而产生回复力。系泊缆索产生的非线性回复力为浮体提供了定位的功能。悬链线式系泊系统依靠自身重力为浮体提供回复力，水深范围有限，当水深较深后，不仅会增加制造成本，而且缆索的张力大幅增加，从而降低平台的有效承载能力。悬链线系泊缆索的长度一般很长，因此系泊半径随之增大，这将增大系泊基础占用的海床面积及与附近其他水下设施相碰撞的危险。

张紧式系泊定位系统是随着人工合成材料应用于深海而逐渐发展起来的，最

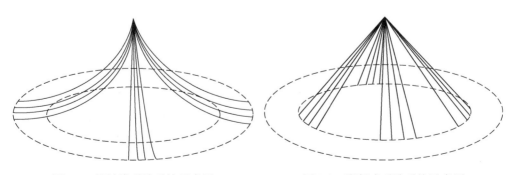

图 7.1　悬链线系泊系统示意图　　　　　图 7.2　张紧式系泊系统示意图

早应用于 20 世纪 80 年代的张力腿平台和 Spar 平台。它通过系泊缆索将平台直接固定于海底,系泊缆索中间部分多采用质量较轻的高强度尼龙绳、聚酯缆或其他合成材料,缆索两端采用耐磨的钢制锚链或者钢丝绳。张紧式系泊系统的系泊缆索与海底的接触角度为 30°~45°,其回复力由缆索的轴向刚度提供。两种系泊方式特点,张紧式系泊相比具有系泊半径小、浮式结构物运动响应小的特点,因此应用越来越广泛。

许多学者对悬链线系泊系统和张紧式系泊系统的性能进行过对比,结果表明在相同水深条件下,张紧式系泊系统在系泊缆长度、系泊半径、水平位移和最大垂向载荷等方面都具有优势,但张紧式系泊对锚和海底地质有较高的要求。根据当前文献研究的成果和海洋平台实际工程案例经验,一般认为在深水区域,张紧式系泊系统在经济性和可行性方面都明显优于悬链线系泊。浮式防波堤工作水深相对较浅,水深范围为几十米至百米级别,因此在此水深范围内张紧式和悬链线式系泊各有优势。

浮式防波堤作为海上漂浮结构物之一,同样需要系泊系统定位,其系泊系统与常见的海洋平台(如半潜平台)既有相同点,又有其特殊性。本章针对浮式防波堤定位功能需求,介绍了浮式防波堤系泊系统设计方法。

7.2　浮式防波堤系泊系统设计要求

本章参考了平台系泊设计规范,例如 API(美国石油协会)规范[1]、CCS(中国船级社)规范[2]等,依据浮式防波堤系泊系统设计要求,根据完整状态、破损状态和瞬时状态三种设计工况给出了不同设计要求。三种状态定义如下:完整状态,在这个状态下所有系泊缆都完整无缺;破损状态,该状态是指在系泊系统中一根或多根系泊缆损坏;瞬时状态,该状态是指当系泊系统中一根系泊缆受损,浮式防波堤受迫发生瞬时运动状态[1]。

1. 平均漂移量以及最大偏移量要求

通常而言,浮式防波堤本身对最大漂移量并没有限制,但从浮式防波堤与掩护结构物避免碰撞的安全距离以及防浪消浪功能方面,通常建议浮式防波堤的平均漂移量和最大漂移量满足一定的要求。根据浮式防波堤作业水深、环境条件(风、浪、流、潮位)、海床土壤参数以及浮式防波堤工作区域允许平均漂移和许用最大漂移作出规定。平均漂移是指在海流力、风力和波漂力联合作用下浮式防波堤的位移。最大漂移指平均漂移加上适当组合的浮式防波堤波频和低频运动幅值。本书基于设计经验,给出了浮式防波堤漂移量系数的建议值,如表 7.1 所示。

表 7.1　浮式防波堤漂移量系数 β 建议值

工作水深	工况	最大漂移比 （单侧漂移位移/水深）
20~50 m	正常作业工况 自存工况	10%~15% 20%~25%
50~100 m	正常作业工况 自存工况	6% 12%

2. 系泊缆索张力设计要求

参考 CCS 规范，浮式防波堤系泊缆索张力需要满足系泊缆索安全系数要求。参考 CCS 规范，表 7.2 列出了关于系泊缆索安全系数[2]，安全系数 F 规定为

$$F = \frac{P_B}{T_{\max}} \tag{7.1}$$

式中，P_B 为系泊缆索的最小额定拉断强度，kN；$T_{\max}$ 为系泊缆索最大张力，kN。

表 7.2　系泊缆索安全系数

设计工况	准 静 力 分 析		动 力 分 析	
	防波堤远离 其他结构物	防波堤邻近有 其他结构物	防波堤远离 其他结构物	防波堤邻近有 其他结构物
完整作业工况	2.70	3.00	2.25	2.47
完整自存工况	2.00	2.20	1.67	1.84
破损作业工况	1.80	2.00	1.57	1.73
破损自存工况	1.43	2.00/1.57	1.25	1.37
瞬态作业工况	—	—	1.22	1.34
瞬态自存工况	—	—	1.05	1.16

3. 系泊半径设计要求

浮式防波堤系泊半径与系泊张力密切相关，当同样系泊布置方案下，系泊半径越小，系泊张力越大，如采用悬链线式系泊方式，对于浅水海域，系泊半径通常可达 10~15 倍水深，对于深水，系泊半径可达 2~3 倍。对于张紧式系泊在浅水海域，张紧式系泊角度约 30°~60°，系泊半径通常可到 2 倍水深，对于深水工程，系泊半径可达 1~2 倍。

此外，如掩护的结构也有系泊系统时，为了避免系泊系统互相缠绕和影响，

则浮式防波堤系泊半径与掩护结构系泊半径需满足以下条件：

$$S > \gamma(D_1 + D_2) \tag{7.2}$$

式中，D_1 为浮式防波堤系泊半径；D_2 为掩护物系泊半径；S 为浮式防波堤与掩护物间距；γ 为安全系数，取值范围建议 $\geqslant 1.17$。

7.3　系泊系统设计原理

7.3.1　系泊系统总布置设计原则

浮式防波堤的布置形式一般可分成平行式与辐射式（图 7.3）。平行式布置形式各个锚链受力以某一方向环境载荷为主，适用入射波浪主要以垂直防波堤方向的浪向为主。辐射式布置主要适用于多方向来浪的海域。

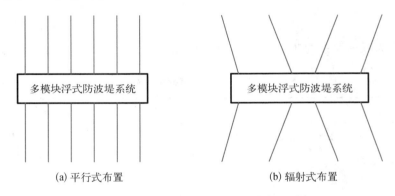

(a) 平行式布置　　　　　　　　　　　(b) 辐射式布置

图 7.3　浮式防波堤典型系泊系统布置形式

悬链线系泊系统设计影响因素

悬链线系泊是应用最为广泛的系泊形式，在进行悬链线系泊系统初步设计时需要综合考虑海洋环境要素和系泊设计要求，主要包括以下几点。

（1）海洋环境要素：

工程区域水深条件；

工程区域风、浪、流、最大潮差等自然条件；

海底地质条件。

（2）系泊目标值：

① 系泊半径要求；

② 系泊缆张力；

③ 浮式防波堤漂移范围要求；

④ 工程造价。系泊系统设计不仅要考虑到风、浪、流、水深、潮差和海底地质条件等外部环境，而且还需要考虑浮式防波堤主尺寸等因素，因此浮式防波堤系泊系统的设计不可能一蹴而就。一般而言，浮式防波堤系泊系统的设计主要包括两个阶段工作：第一阶段是系泊系统的总布置设计和系泊缆参数初步设计内容，其中总布置设计包含系泊缆布置角度和系泊缆数量等，系泊缆参数初步设计包括材料属性、长度、单位重量、直径等参数；第二阶段是对系泊缆参数的优化设计，通过浮式防波堤和系泊系统进行静力分析、动力耦合分析或非线性耦合分析，得出防波堤的运动响应和系泊缆张力幅值后用规范和标准进行校核，不满足要求则调整初始设计参数值，逐步迭代，逐渐优化至最终设计方案。

7.3.2　悬链线式系泊系统设计方法

1. 系泊参数初始设计值确定方法

锚链的初始设计参数（锚链长度、锚链规格和等级），可以根据已有的工程案例结合设计经验确定，也可参考已有的研究报告、文献等资料确定，亦可根据锚链与水深的比值初定锚链长度，本书根据 A.H 劳维奇[3]的建议值结合部分工程案例给出了锚链长度与水深相对关系的建议值，见表 7.3。

表 7.3　锚链长度 l 与水深 d 相对关系建议值

水深/m	l/d
$h \leqslant 25$	$8 \sim 12$
$25 < h < 50$	$6 \sim 8$
$50 \leqslant h < 150$	$4 \sim 6$
$h \geqslant 150$	$3 \sim 4$

确定锚链链长 l_0 可计算 a 值，进而求得所需最小水中链重 $W_水$ 后根据锚链水中与空气中重量的转换关系，求得锚链空气中重量 $W_空$。最后查询锚链规格表或根据锚链的重量与锚链直径的估算关系计算得到锚链的最小直径，具体的估算形式见公式（7.3）和（7.4）。由锚链标准规格表选定与 $W_空$ 相接近的标准链径，进而得出初定锚链参数。

$$a = \frac{l^2 - z^2}{2z} \tag{7.3}$$

$$W_空 = \frac{T_H}{0.87a} \tag{7.4}$$

$$W_{空} = 0.021\,9d^2 \ (\text{kg/m}) \tag{7.4a}$$

$$W_{水} = 0.869\,4W_{空} = 0.869\,4 \times 0.021\,9d^2 = 0.019d^2 \ (\text{kg/m}) \tag{7.4b}$$

式中，$W_{空}$ 为锚链空气中单位重量（kg/m）；d 为锚链直径（mm）。

2. 系泊系统安全性校核方法

（1）系泊锚链状态校核方法。假设海底锚固点处平均水深 z_0，此处最大潮差为 Δh，则锚固处最大水深为 $z_i = z_0 + \dfrac{\Delta h}{2}$，将上式代入方程（7.3），可求得锚链在极限状态下的悬垂部分长度 $L_{极限}$，若 $L_{极限} \leqslant L_i$，则初定锚链长度符合要求，可继续进行此后计算步骤，否则必须加长锚链长度 l_0 或者增大锚链单位长度重量 $W_{水}$。

（2）锚链强度校核方法。根据初定的锚链重量 $W_{水}$ 和最大水平载荷以及极限状态下的锚链长度 $L_{极限}$ 可计算得到临界状态下的 $a_{临}$，求得锚链的最大张力 $T_{最大}$ 和垂向力以及水平张力。为了保证锚链系泊安全，必须保证所选锚链破断载荷 F_Q 满足安全裕度要求，即

$$F_Q/T_{最大} \geqslant [k] \tag{7.5}$$

式中，$[k]$ 取值为规范中所要求的锚链需用安全系数，一般取 $1.05\sim3.0$，具体如表 7.2 所示，为保证后期锚链强度校核预留足够调整空间，建议此处 k 值可以取更大值。如若不能满足上式要求，重新调整锚链长度和锚链重量 W。

7.3.3 张紧式系泊系统设计方法

有别于悬链式系泊系统，张紧式系泊系统与海底呈一定角度，系泊缆保持张紧状态，系泊系统的恢复刚度依靠系泊缆主要是人工合成缆索的轴向刚度来提供回复力，因此张紧式系泊系统的刚度比悬链线式系泊系统的刚度要大。本书在已有的研究基础上，分析与总结了张紧式系统系泊缆设计方法。

1. 系泊参数初始设计值确定方法

假定浮体的最大位移量，根据已有设计案例和工程经验，选取一初始张紧式系泊参数，根据设计参数采用准静态锚泊分析软件模拟相对应的系泊张力，逐步调整至满足安全系数要求，采用时域分析软件评估系泊方案迭代至满足规范和设计要求。

2. 系泊缆强度校核方法

根据初定的锚链和聚酯缆规格开展系泊缆数值模拟，为保证锚链系泊安全，必须保证所选锚链破断载荷 F_Q 满足安全裕度要求，即：

$$F_Q/T_{最大} \geqslant [k] \tag{7.6}$$

式中，$[k]$ 取值为规范中所要求的锚链需用安全系数，一般取 1.43~3.0，具体如表 7.3 所示，为保证后期锚链强度校核预留足够调整空间，建议此处 k 值可以取更大值。若不能满足式（7.6）要求，重新调整锚链长度和重量 W。

7.4　系泊缆索张力分析方法

系泊缆索的运动和张力计算是海洋工程设计中的一个重要课题，涉及流体力学、结构力学，计算难度较大。当前计算缆索运动响应和张力方法较多，例如悬链线方法、有限差分法、线性有限元法、非线性有限元法、集中质量法等。此节通过引用之前学者的研究成果，分析缆索的控制方程来描述各种方法的分类与区别，供读者参考。在海域工程中一般假定忽略缆索的弯矩或者剪应力，即认为缆索是完全挠性构件，缆索只能承受张力，如图 7.4 所示。缆索的控制方程常见表达形式如下[4]：

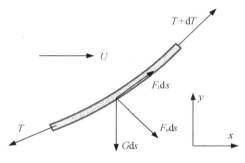

图 7.4　锚链受力分析示意图

$$(M + m_a)\frac{\partial V}{\partial t} = F_n + F_t + T + m_a\frac{\partial U}{\partial t} + G \qquad (7.7)$$

式中，M、m_a 分别为系泊缆索单位长度质量和附加质量；T 为系泊缆索张力；V、U 分别为系泊缆索速度矢量和流场速度矢量；G 为单位长度缆索水中重力；F_n、F_t 分别为单位系泊缆索上的法向流体分量和切向流体分量，具体流体分量可以表示为

$$F_n = 0.5\rho_w C_{Dn} D \mid U_n - V_n \mid (U_n - V_n)\,\mathrm{d}s \qquad (7.8)$$

$$F_t = 0.5\rho_w C_{Dt} D \mid U_t - V_t \mid (U_t - V_t)\,\mathrm{d}s \qquad (7.9)$$

式中，ρ_w 为流体密度；C_{Dn}、C_{Dt} 分别为流体法向拖曳力系数和切向拖曳力系数；D 为缆索直径。

根据缆索的控制方程可知，若不考虑缆索的动力响应效果，仅考虑锚链的静张力，即令 $\dfrac{\partial V}{\partial t}$ 为零将化简方程求解即为缆索静力方程。在此基础上，假定海洋中流速为均匀流、缆索重力远大于缆索所受流体作用力后，忽略流体作用力，即：

$$G \gg F_n,\quad F_t \qquad (7.10)$$

$$F_t = F_n = 0 \tag{7.11}$$

$$\frac{\partial \mathbf{U}}{\partial t} = 0 \tag{7.12}$$

方程简化为静力法中最常用的悬链线方程。

　　若考虑缆索的动力效应和流体对缆索的切向作用力和法向作用力等力，采用数值方法求解缆索的动力方程即为缆索动力分析法。根据采用求解方法的不同，可以分为集中质量法、有限差分法、有限元法[4]。

7.4.1　系泊缆静张力分析方法

　　1. 系泊缆索静力分析方法——悬链线方程

　　图 7.5 显示了一条悬链线，它从浮体水下部分的 A 点连接到海底锚固点 B。A 与 B 之间的系泊缆有一部分放置在海底上，而且水平尺度 a 通常比竖向尺度 b 大 $5\sim20$ 倍。当系泊缆索在浮体上的系缆点从 A_1 点、经过 A_2、A_3、A_4 水平移动时，放置在海底上的拖地缆的长度逐渐减少，直至完全提起。从静力观点来看，A 点附近的缆索张力是由于缆索在海水中悬垂总重量引起的。浮体从 A_1 点水平移动到 A_4 点，随着拖地缆逐渐提离海底，临近 A 点处的系泊缆张力逐渐增大。与此同时，缆索与水平面夹角一直在减小，造成了平台上的水平回复力随着平台偏移的增大而以非线性方式增大[4]。

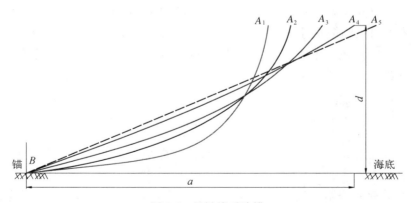

图 7.5　悬链线系泊缆

　　这种情况可以用悬链线方程来描述，悬链线方程可推导出任意一根悬链线缆索的张力和形状，该方程可以根据图 7.6 所示的系泊缆来建立。推导时，假设海底地形是水平的，忽略系泊缆的弯曲刚度效应，具有小曲率的钢丝缆以及钢制锚链对于上述假定是可以接受的。

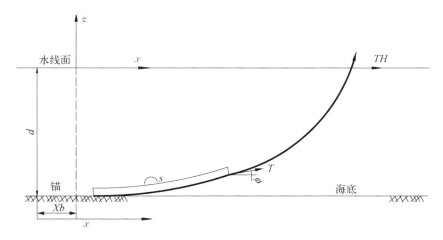

图 7.6　缆索及符号规定

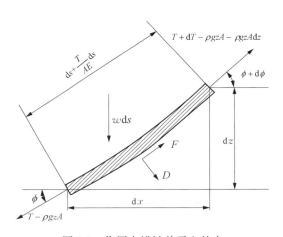

图 7.7　作用在锚链单元上的力

一个缆索单元如图 7.7 所示，w 表示单位长度缆索的水中重量，T 代表了缆索张力，A 是横截面积，E 是弹性模型，ϕ 是切线方向与水平面夹角，单元上的平均水动力用 D 和 F 表示[4]。

从图 7.7，根据轴线力和横向力得出：

$$
\begin{aligned}
\mathrm{d}T - \rho \mathrm{g}A\mathrm{d}z &= \left[w\sin\phi - F\left(\frac{T}{EA}\right) \right]\mathrm{d}s \\
T\mathrm{d}\phi - \rho \mathrm{g}A\mathrm{d}\phi &= \left[w\cos\phi + D\left(1 + \frac{T}{EA}\right) \right]\mathrm{d}s
\end{aligned}
\tag{7.13}
$$

忽略力 F 和 D 以及弹性，方程得到简化，但是要注意的是，当缆索绷紧或者缆索悬浮重量很大（w 很大或者深水区域），弹性拉伸可能变得非常重要，因而需要加以考虑。利用上面的假设，可以获得悬浮缆索的长度 s 和竖向投影 h 为

$$s = \left(\frac{T_H}{w}\right) \sinh\left(\frac{wx}{T_H}\right)$$

$$h = \left(\frac{T_H}{w}\right) \left[\cosh\left(\frac{wx}{T_H}\right) - 1\right]$$

(7.14)

缆索在顶端的张力用悬链线长度 s 和深度 d 可以表示为

$$T = \frac{w(s^2 + d^2)}{2d}$$

(7.15)

顶端缆索张力的垂直分量为

$$T_z = ws$$

(7.16)

张力的水平分量沿缆索为常数，表示如下：

$$T_H = T\cos\phi_w$$

(7.17)

2. 张紧式系泊静力分析方法[5]

张紧式系泊系统，系泊缆采用聚酯纤维材料，具有较为复杂的动刚度特点，

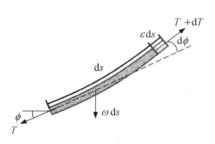

图 7.8　张紧式系泊受力分析示意图

根据已有的研究表明，在交变载荷作用下，缆索应变与应力呈现非线性的变化趋势。根据线性材料的静力平衡方程来推导非线性材料的静力平衡方程。假设一单根系泊缆，系泊缆末端锚固在海底，取其中任意一微段，分析其在海水中的受力情况，如图 7.8 所示。根据力静力平衡原理，建立锚链水平方向和垂直方向上力的平衡方程。

根据力的平衡原理，

$$(T + dT)\cos(\phi + d\phi) = T\cos\phi$$

(7.18)

$$(T + dT)\sin(\phi + d\phi) - \omega ds = T\sin\phi$$

(7.19)

其中，ω 是系泊缆单位长度的湿重；ϕ 是系泊线与水平方向的夹角；T 是系泊缆任一点的轴线力。根据系泊缆索伸长后几何特性，将上式化简为

$$\frac{dT}{ds} = \omega\sin\phi$$

(7.20)

$$\frac{\mathrm{d}\phi}{\mathrm{d}s} = \frac{1}{T}\omega\cos\phi \tag{7.21}$$

$$\frac{\mathrm{d}x}{\mathrm{d}s} = (1 + \varepsilon)\cos\phi \tag{7.22}$$

$$\frac{\mathrm{d}z}{\mathrm{d}s} = (1 + \varepsilon)\sin\phi \tag{7.23}$$

式中，ε 为系泊缆轴向应变；z 为系泊缆两端垂直距离。聚酯缆应力与应变不再完全是线性，弹性模量与聚酯缆索自身特性和张力密切相关。根据 Rho 和 Choi 模型试验得到聚酯缆轴向刚度经验公式：

$$EA = \alpha + \beta\overline{T} \tag{7.24}$$

$$\alpha = \overline{\alpha} \cdot \rho \cdot 10^6 \tag{7.25}$$

$$\beta = \overline{\beta} \cdot \rho/B_s \cdot 10^6 \tag{7.26}$$

式中，EA 为材料轴向刚度；α、β、$\overline{\alpha}$、$\overline{\beta}$ 均是与材料相关的常数；B_s 为系泊缆最小破断力；$\overline{T}$ 为系泊缆平均张力。

在仅考虑系泊缆静力假定下，平均张力 $\overline{T}$ 可以等价于实时张力 T，同时张力曲线在某点处的导数即等于系泊缆的刚度。于是式（7.24）可写成：

$$\frac{\mathrm{d}T}{\mathrm{d}s} = EA = \alpha + \beta T \tag{7.27}$$

上式的解 T 可以写成：

$$T = C\mathrm{e}^{\beta\varepsilon} - \frac{\alpha}{\beta} \tag{7.28}$$

根据聚酯缆力学特点，可知当缆索无拉伸变形时，即 $\varepsilon = 0$ 时，缆索张力 T 为 0，因此可以求得

$$C = \frac{\alpha}{\beta} \tag{7.29}$$

最终系泊缆张力可以表示为

$$T = \frac{\alpha}{\beta}\mathrm{e}^{\beta\varepsilon} - \frac{\alpha}{\beta} \tag{7.30}$$

上式也可以表示为

$$\varepsilon = \frac{1}{\beta}\ln(DT + 1) \tag{7.31}$$

$D = \dfrac{\overline{\beta T}}{\overline{\alpha B_s}}$ 根据泰勒级数展开可得

$$\varepsilon \approx \frac{1}{\beta}\left[DT - \frac{(DT)^2}{2}\right] \tag{7.32}$$

将式（7.20）和（7.21）化简可得

$$\frac{\mathrm{d}T}{T} = \frac{\sin\phi}{\cos\phi}\mathrm{d}\phi \tag{7.33}$$

两边积分为

$$\frac{T}{T_0} = \frac{\cos\phi_0}{\cos\phi} \tag{7.34}$$

其中，T_0 是系泊缆与海底锚点轴向张力；ϕ_0 为系泊缆与海底水平方向夹角。将式（7.21）沿系泊缆线进行积分可得

$$s = s_0 + \int_{\phi_0}^{\phi}\frac{T}{\omega\cos\phi}\mathrm{d}\phi = \int_{\phi_0}^{\phi}\frac{\cos\phi_0}{\omega\cos^2\phi}T_0\mathrm{d}\phi \tag{7.35}$$

将系泊缆受力 T 沿水平方向分解为 $H = T\cos\phi$，记缆绳长 $l = s$，则上式可表示为

$$l = l_0 + \int_{\phi_0}^{\phi}\frac{H}{\omega\cos^2\phi}\mathrm{d}\phi = l_0 + \frac{H}{\omega}(\tan\phi - \tan\phi_0) \tag{7.36}$$

同理将式（7.22）与式（7.33）和式（7.36）联立，求得

$$x = x_0 + \frac{H}{\omega}\left[\ln(\sec\phi + \tan\phi) - \ln(\sec\phi_0 + \tan\phi_0)\right] + \frac{H^2}{\alpha\omega}(\tan\phi - \tan\phi_0)$$

$$- \frac{\beta H^3}{4\alpha^2\omega}\left[\tan\phi\cdot\sec\phi + \ln(\sec\phi + \tan\phi) - \tan\phi_0\cdot\sec\phi_0 - \ln(\sec\phi_0 + \tan\phi_0)\right]$$

$$\tag{7.37}$$

同理可得到缆索各点 z 坐标表达式：

$$z = z_0 + \frac{H}{\omega}(\sec\phi - \sec\phi_0) + \frac{H^2}{\alpha\omega}(\sec^2\phi - \sec^2\phi_0) - \frac{\beta H^3}{6\alpha^2\omega}(\sec^3\phi - \sec^3\phi_0)$$

$$\tag{7.38}$$

7.4.2　系泊缆动张力分析方法

目前系泊系统动力分析方法可分成两类[4]，第一类将系泊缆索视为连续的弹性介质，另一种方法将系泊缆索用多自由度弹簧-质量系统来代替。第一种方法假定锚链细长结构，忽略弯曲刚度和弯矩对系泊的影响，将锚链简化成 N 个离散杆单元系统，杆单元间铰接，缆索张力采用单元模拟，利用虚功原理将作用在杆单元上的切向和法向流体阻力、重力、浮力等力等效至杆单元节点上，将微分方程转换成一系列的代数方程进而求解。第二种方法将系泊缆索离散成 N 段，每一段用一个质点表示，质点间通过弹簧连接弹簧假定无质量，将系缆重力、浮力及流体拖曳力等外力作用点都在节点上，每段系缆的质量都均分到两端节点上。第二种方法能够使问题处理得到简化，并且保证足够的精度，在工程上比较适用。集中质量法具体内容如下[6]。

建立系泊缆索运动方程组：

考虑系缆重力、浮力、流体拖曳力、系缆弹性伸长、附加质量以及系缆惯性力等因素，通过牛顿第二定律建立系缆各个节点的运动微分方程。假设系缆的重力和浮力都作用在集中质量点上，并将每个系缆分段上的拖曳力等分到其左右的两个节点上，可以得到等效作用于节点上的拖曳力。

设 a_x、a_y 和 a_z 分别为附加质量加速度在 x、y、z 三个方向上的分量，则与系缆分段轴线正交的加速度向量为

$$W_n = \boldsymbol{e} \times \left[(a_x \boldsymbol{i} + a_y \boldsymbol{j} + a_z \boldsymbol{k}) \times \boldsymbol{e} \right] \tag{7.39}$$

式中，$\boldsymbol{e}$ 为沿缆轴线方向的单位向量，其表达式为

$\boldsymbol{e} = e_x \boldsymbol{i} + e_y \boldsymbol{j} + e_z \boldsymbol{k}$ 于是可得

$$\begin{bmatrix} a_{nx} \\ a_{ny} \\ a_{nz} \end{bmatrix} = \begin{bmatrix} e_y^2 + e_z^2 & -e_x e_y & -e_x e_z \\ -e_x e_y & e_x^2 + e_z^2 & -e_z e_y \\ -e_x e_z & -e_z e_y & e_y^2 + e_x^2 \end{bmatrix} \begin{bmatrix} a_x \\ a_y \\ a_z \end{bmatrix} \tag{7.40}$$

系缆第 i 个节点运动方程为

$$\begin{bmatrix} m_i & 0 & 0 \\ 0 & m_i & 0 \\ 0 & 0 & m_i \end{bmatrix} \begin{bmatrix} \ddot{x}_i \\ \ddot{y}_i \\ \ddot{z}_i \end{bmatrix} + \frac{1}{2} e_i \begin{bmatrix} a_{nx} \\ a_{ny} \\ a_{nz} \end{bmatrix}_i + \frac{1}{2} e_{i-1} \begin{bmatrix} a_{nx} \\ a_{ny} \\ a_{nz} \end{bmatrix}_{i-1} = \begin{bmatrix} F_{xi} \\ F_{yi} \\ F_{zi} \end{bmatrix} \tag{7.41}$$

式中，m_i 为第 i 个节点的集中质量。因为仅系缆分段具有横向（垂直于系缆分段

轴向）的加速度时，才会产生附加质量，所以上述节点运动方程可以改写成：

$$
\begin{bmatrix} m_i & 0 & 0 \\ 0 & m_i & 0 \\ 0 & 0 & m_i \end{bmatrix} \begin{bmatrix} \ddot{x}_i \\ \ddot{y}_i \\ \ddot{z}_i \end{bmatrix} + \frac{1}{2} e_i \begin{bmatrix} e_y^2 + e_z^2 & -e_x e_y & -e_x e_z \\ -e_x e_y & e_x^2 + e_z^2 & -e_z e_y \\ -e_x e_z & -e_z e_y & e_y^2 + e_x^2 \end{bmatrix}_i \begin{bmatrix} \ddot{x}_i \\ \ddot{y}_i \\ \ddot{z}_i \end{bmatrix}
$$

$$
+ \frac{1}{2} e_{i-1} \begin{bmatrix} e_y^2 + e_z^2 & -e_x e_y & -e_x e_z \\ -e_x e_y & e_x^2 + e_z^2 & -e_z e_y \\ -e_x e_z & -e_z e_y & e_y^2 + e_x^2 \end{bmatrix}_{i-1} \begin{bmatrix} \ddot{x}_i \\ \ddot{y}_i \\ \ddot{z}_i \end{bmatrix} = \begin{bmatrix} F_{xi} \\ F_{yi} \\ F_{zi} \end{bmatrix}
$$

结合已有张紧式系统受力特点分析结果，缆索张力不仅与缆的弹性模量有关，还与系缆的松弛与张紧状态有关，因此缆索的分段 $S_i(i = 1，2，3，\cdots，n)$ 上的张力 T_i 可以表示为

$$
T_i = \begin{cases} EA_i(\Delta l_i / l_i)，& \Delta l_i > 0 \\ 0，& \Delta l_i \leq 0 \end{cases} \tag{7.42}
$$

式中，Δl_i 为第 i 段缆索伸长量；l_i 为缆索第 i 段原始长度；A 为缆索截面面积；E 为缆索弹性模量。作用在缆索第 i 段上的流体拖曳力可以根据莫里森方程求解[6]。

7.5　悬链线式系泊系统设计示例

现以南海某海域浮式防波堤为例，选取横浪为主设计浪向，通过设计示例进一步阐述和说明浮式防波堤系泊系统的设计方法和相关基本参数确定方法。

7.5.1　环境要素与浮式防波堤基本参数

浮式防波堤设计水深为 20 m，工作海域波浪推算资料如表 7.4～表 7.6 所示，因此选取 20 m 水深情况下 20 年重现期波浪进行设计，即波浪波高 10 m，周期 10.18 s，选择规则波进行设计。

表 7.4　开阔海域波浪统计资料

波浪参数 重现周期/年	H_s/m	T_z/s
1	8.065	8.974 066
5	9.757	9.870 638
10	10.494	10.236 64

续　表

波浪参数 重现周期/年	H_s/m	T_z/s
20	11.235	10.591 89
50	12.221	11.046 9
100	12.972	11.381 27

注：H_s为有义波高。

表 7.5　工程海域不同水深波高推算结果

重现周期/年	H_s 20 m	H_s 30 m	H_s 40 m	H_s 50 m
1	7.399 8	7.499 15	7.728 51	7.869 82
5	8.947 01	8.979 83	9.100 68	9.335 03
10	9.643 61	9.700 51	9.761 98	9.956 42
20	10.398 3	10.319 7	10.417 4	10.565 3
50	11.383 6	11.167 2	11.305 8	11.456 3
100	12.096 2	11.839	11.905 3	12.092 5

表 7.6　工作海域不同水深波周期推算结果　　　　（单位：m）

重现周期/年	T_z 20 m	T_z 30 m	T_z 40 m	T_z 50 m
1	8.596 01	8.653 52	8.784 86	8.864 81
5	9.452 05	9.469 37	9.532 88	9.654 84
10	9.813 11	9.842 03	9.873 16	9.971 00
20	10.189 9	10.151 3	10.199 2	10.271 4
50	10.661 7	10.559 9	10.625 2	10.695 7
100	10.990 4	10.872 9	10.903 3	10.988 7

注：T_z为跨零周期；20 m 指水深 20 m；30 m 指水深 30 m；40 m 指水深 40 m；50 m 指水深 50 m。

7.5.2　系泊系统布置基本方案与初步设计参数

设计主浪向为横浪，依据浮式防波堤系泊系统总布置基本原则，浮式防波堤系泊系统布置形式选取平行式布置方式，如图 7.9 所示。环境载荷中主要考虑波浪要素，在设计阶段忽略风与流的影响。首先根据浮式防波堤构型和工作水深确定浮式防波堤悬链线式系泊系统的基本参数。参数确定方法如 7.3 节所示。

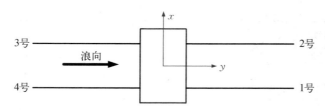

图 7.9　浮式防波堤系泊布置形式

1. 系泊系统锚链长度

系泊缆长度或者海底锚固点位置是系泊设计的关键要素之一，系泊缆长度受环境载荷和系泊半径影响较大。因此根据系泊半径控制在 200 m 以内的设计要求，结合表 7.3 表中推荐值（$d<25$ m 工况锚链长度与水深比值），初始方案中浮式防波堤链长暂定 161.9 m。

2. 系泊系统单个锚链缆重初始值

浮式防波堤主体结构二阶平均漂移力值 P_{jj}^{-}、二阶漂移力值和 Jonswap 模拟谱具体见图 7.10 和图 7.11 所示。对于有效波高与最大波高的关系，参考中国船级社《海上固定平台入级与建造》规范中的关于有效波高与最大波高的规定，东海、南海可能最大波高为

$$H_{\max} = 2.0H_{1/3} \tag{7.43}$$

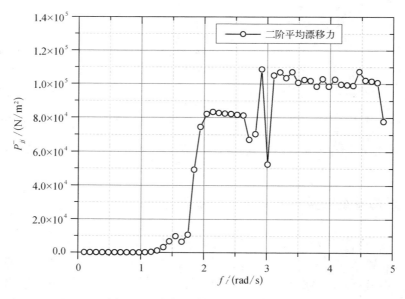

图 7.10　浮式防波堤二阶平均漂移力

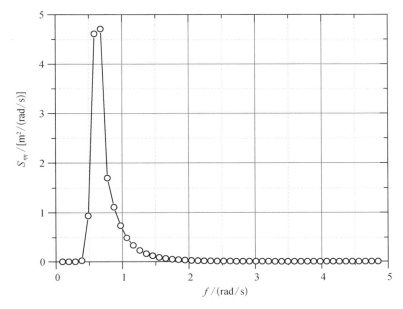

图 7.11　Jonswap 谱（$T = 10.18$ s，$H_{1/3} = 5.0$ m）

此处选取东海、南海海域最大波高与有效波高规定值，取 $H_{1/3} = 5.0$ m，$T = 10.18$ s。

通过计算得到浮式防波堤波浪载荷值为 8.8×10^4 N。根据浮式防波堤布置区域水深条件和工程区域要求，确定浮式防波堤系泊半径约 $150 \sim 160$ m，根据公式（7.3）和（7.4）可得到浮式防波堤锚链重量下限值：

$$a = \frac{l^2 - z^2}{2z} = \frac{156 \times 156 - 20 \times 20}{2 \times 20} = 598.4 \tag{7.44}$$

$$W_{\text{下限值}} = W_{\text{空}} = \frac{T_H}{0.87a} = \frac{8.8 \times 10^4}{0.87 \times 598.4} = 169.0331 \text{ kg/m} \tag{7.45}$$

如图 7.9 所示，浮式防波堤迎浪侧与背浪侧通常布置一对系泊锚链，因此浮式防波堤单根锚链重量（空重）下限值 $W_{\text{下限值}} = 169.0331/2 = 84.517$ kg/m。为保证浮式防波堤锚链张力满足规范安全因子要求、海底锚固点要求，锚链的重量乘以 $2 \sim 3$ 倍的安全系数（锚链单重可以选择 $169.034 \sim 253.551$ kg/m），以便为后续动力计算预留调整空间，通过查询系泊锚链规格表（表 7.7），为了便于说明，选取 R3 材质两种规格的锚链，锚链直径分别为 90 mm 和 107 mm，单重分别为 177.39 kg/m 和 250.73 kg/m 的有档锚链，详见表 7.8。

表 7.7　系泊锚链规格表

公称规格 d/mm	R3		R3S		R4		R4S		R5		单位重量/(kg/m)
	拉力负荷/kN 有档	破断负荷/kN	拉力负荷/kN 有档	破断负荷/kN	拉力负荷/kN 有档	破断负荷/kN	拉力负荷/kN 有档	破断负荷/kN	拉力负荷/kN 有档	破断负荷/kN	有档
102	5 817	8 316	6 712	9 285	8 055	10 217	8 950	11 336	9 360	11 933	227.85
105	6 123	8 753	7 065	9 774	8 478	10 755	9 420	11 932	9 852	12 560	241.45
107	6 330	9049	7 304	10104	8765	11 118	9 739	12 335	10 185	12 985	250.73
111	6 751	7 789	7 789	10 775	9 347	11 857	10 386	13 155	10 862	13 847	269.83

表 7.8　（a）系泊参数方案一

材质	长度/m	单位长度空气中质量/(kg/m)	直径/mm	轴向刚度/N	破断载荷/kN	系泊半径/m
R3	160	177.39	90	6.9×10^8	6 648	156

表 7.8　（b）系泊参数方案二

材质	长度/m	单位长度空气中质量/(kg/m)	直径/mm	轴向刚度/N	破断载荷/kN	系泊半径/m
R3	160	250.73	107	9.78×10^8	9049	156

7.5.3　系泊系统水动力性能分析

　　系泊系统是为浮式结构物提供定位和限制浮体运动响应的构件，因此需要对浮式防波堤的运动量和锚链张力进行数值分析，以检验系泊的性能。本书利用第 7.4 节给出张力计算方法，基于有限元分析方法，考虑系泊系统与浮式防波堤的耦合作用，采用 ANSYS － AQWA 软件建立浮式防波堤及系泊系统的有限元模型如图 7.12 所示。

　　对浮式防波堤及系泊系统进行全时域耦合分析。在 90°浪向下，浮式防波堤的六自由度运动响应如图 7.13 所示。图 7.14 与图 7.15 给出了锚链张力响应，图 7.16 与图 7.17 给出了锚链躺底段长度计算值。

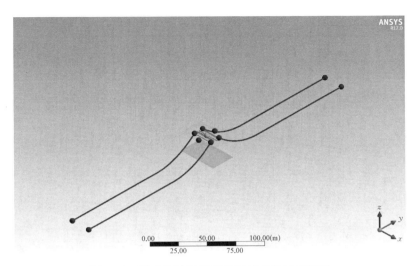

图 7.12　浮式防波堤及系泊系统有限元模型图

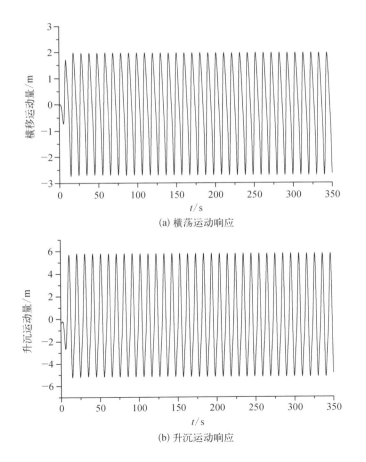

(a) 横荡运动响应

(b) 升沉运动响应

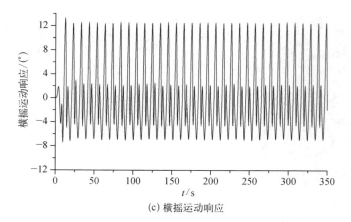

(c) 横摇运动响应

图 7.13　浮式防波堤六自由度运动响应（系泊方案二）

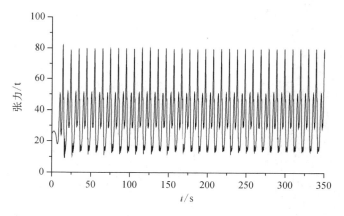

图 7.14　浮式防波堤 1 号锚链张力（系泊方案二）

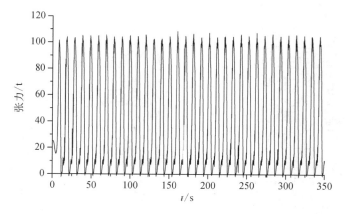

图 7.15　浮式防波堤 3 号锚链张力（系泊方案二）

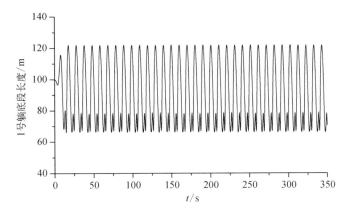

图 7.16　浮式防波堤 1 号锚链躺底段长度（系泊方案二）

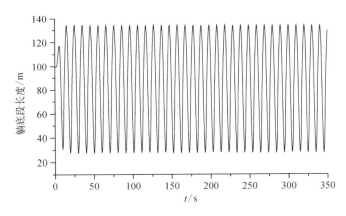

图 7.17　浮式防波堤 2 号锚链躺底段长度（系泊方案二）

　　横浪条件下，浮式防波堤主要的运动模态为横荡、横摇和垂荡，而纵荡、纵摇和艏摇的运动幅值较小，横荡、横摇和垂荡运动响应的统计值如表 7.9（a）与7.9（b）所示。综合表 7.9（a）与 7.9（b）可知，浮式防波堤的运动响应在预期范围，并未出现大幅值的运动响应，横荡值也符合浮式防波堤自存工况下的漂移量要求。参考 CCS 规范中对锚链富裕度的要求，对于完好的锚泊系统，锚链的最大张力的安全因子应取 1.67，锚链动张力的最大动张力在许可范围内，保证防波堤在此海况下具有足够的安全性。

　　两套悬链线系泊系统采用不同直径锚链，呈现不同的张力和运动响应，计算结果见表 7.10（a）与（b）。结果表明，系泊方案二选用更重的锚链，因此运动响应更小，锚链的安全因子也更大。数值分析表明，系泊方案一就能满足规范安全因子要求，具备较大安全系数裕度，能为后期系泊优化预留调整空间。因此本章节提供的悬链线系泊设计方法提供了一种系泊初始设计参数设计方法，设计人员可以在参考工程案例和数值计算结果的基础上，不断优化和调整系泊设计参数，直至满足系泊工程和经济要求。

表 7.9　（a）浮式防波堤自存工况运动响应
（方案一锚链直径 90 mm）

运动响应	最大值	最小值	平均值
横摇/(°)	16.47	−8.312	4.079
横荡/m	2.384	−3.085	−0.350 5
垂荡/m	6.019	−5.246	0.386 5
纵荡/m	0.044	−0.048	−0.002

表 7.9　（b）浮式防波堤自存工况运动响应
（方案二锚链直径 107 mm）

运动响应	最大值	最小值	平均值
横摇/(°)	13.161	−7.303	2.929
横荡/m	1.972	−2.728	−0.378
垂荡/m	5.787	−5.212	0.287 5
纵荡/m	0.04	−0.036	0.002

表 7.10　（a）浮式防波堤自存工况下锚链张力安全系数
（方案一锚链直径 90 mm）

序　号	最大值/T	锚链破断张力/t	锚链躺底段最小长度/m	安全系数值
1 号锚链	91.9	664.8	43.3	7.2
2 号锚链	91.9	664.8	43.3	7.2
3 号锚链	107.6	664.8	10.0	6.2
4 号锚链	107.6	664.8	10.0	6.2

表 7.10　（b）浮式防波堤自存工况下锚链张力安全系数
（方案二锚链直径 107 mm）

序　号	最大值/T	锚链破断张力/t	锚链躺底段最小长度/m	安全系数值
1 号锚链	81.8	904	66.08	11.1
2 号锚链	81.8	904	66.08	11.1
3 号锚链	108.7	904	27.43	8.3
4 号锚链	108.7	904	27.43	8.3

7.6　张紧式系泊系统设计示例

7.6.1　系泊系统布置基本方案与初步设计参数

选取 7.5 节中浮式防波堤为例进行张紧式系泊系统设计（图 7.18），系泊系统的总布置设计采用与 7.5.1 小节相同的布置方式。张紧式系泊缆采用三段式设计，即锚链–聚酯缆–锚链组合形式。

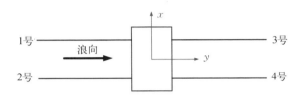

图 7.18　张紧式系泊系统布置方案

浮式防波堤工作水深为 20 m，通常张紧式系泊缆与海底的夹角为 30~60°，本书选取 30° 为例说明张紧式系泊参数设计方法。如图 7.19 所示，确定设计张紧式系泊布置形式。

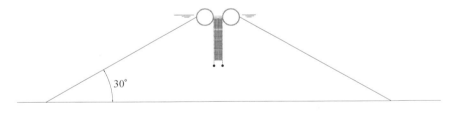

图 7.19　锚链侧视图

根据锚链与海底的 30° 倾角和水深确定锚链的初始总长为 40 m，参考已有工程案例和工程经验，初步选取如表 7.11 与表 7.12 所示两套规格的系泊缆初始参数。

表 7.11　系泊缆参数（方案一）

材　质	长度/m	单位长度干重/（kg/m）	直径/mm	轴向刚度/N	破断载荷/N
螺旋股式钢缆	10	73.68	58	2.87×10^8	3 628 000
聚酯缆	20	1.38	100	2.50×10^7	4 000 000
螺旋股式钢缆	10	73.68	58	2.87×10^8	3 628 000

表 7.12　系泊缆参数（方案二）

材　　质	长度/m	单位长度干重/（kg/m）	直径/mm	轴向刚度/N	破断载荷/N
螺旋股式钢缆	10	133.24	78	5.02×10^8	6 295 000
聚酯缆	20	1.38	120	3.2×10^7	6 000 000
螺旋股式钢缆	10	133.24	78	5.02×10^8	6 295 000

7.6.2　水动力性能分析

本书 7.3.3 节给出的张力计算方法，基于有限元分析方法，考虑系泊系统与浮式防波堤的耦合作用，采用 ANSYS–AQWA 软件建立浮式防波堤及系泊系统的有限元模型如图 7.20 所示。

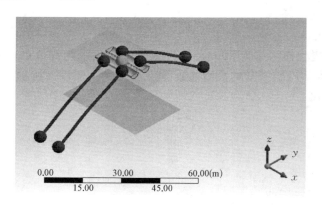

图 7.20　浮式防波堤及系泊系统有限元模型图

对浮式防波堤及系泊系统进行全时域耦合分析。在该 90°浪向下，方案一和方案二浮式防波堤的六自由度运动响应如图 7.21 和图 7.22 所示，图中横坐标为时间，单位为 s；纵坐标分别是浮式防波堤六自由度运动量，单位为 m 或（°）。两套系泊方案的运动响应数据如表 7.13 和表 7.14 所示。

表 7.13　浮式防波堤主要模态运动响应（方案一）

运 动 响 应	最 大 值	最 小 值
横荡/m	2.40	−3.40
垂荡/m	4.75	−4.67
横摇/(°)	14.9	−12.4

表 7.14　浮式防波堤主要模态运动响应（方案二）

运 动 响 应	最 大 值	最 小 值
横荡/m	1.67	−2.87
垂荡/m	4.19	−4.38
横摇/(°)	13.5	−12.98

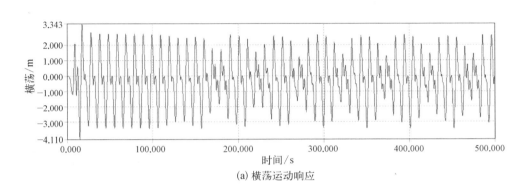

(a) 横荡运动响应

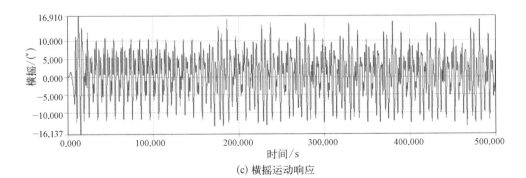

(b) 垂荡运动响应

(c) 横摇运动响应

图 7.21　浮式防波堤六自由度运动响应（方案一）

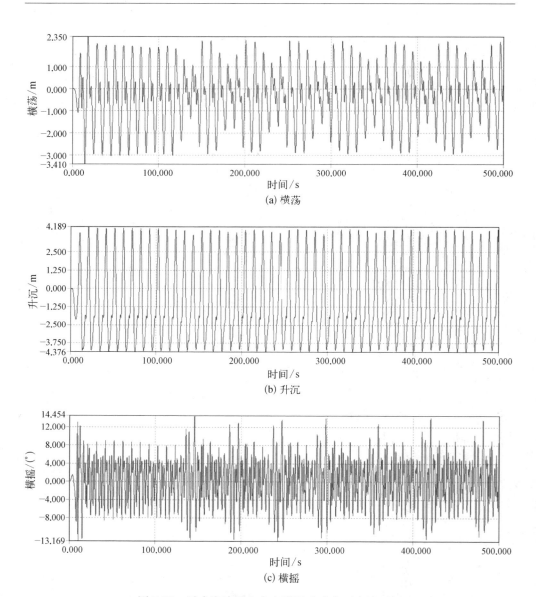

图 7.22　浮式防波堤六自由度运动响应（方案二）

　　在两套系泊方案的设计下，浪以 90° 入射，浮式防波堤主要的运动模态为横荡、横摇和垂荡，纵荡、纵摇和艏摇的运动幅值较小，横荡、横摇和垂荡运动响应的统计值如表 7.14 所示。综合图 7.22 和表 7.14 可知，浮式防波堤的运动较为合理，并未出现大幅值的运动，总体上符合表 7.1 的上限值。对比张紧式系泊系统与悬链线式系泊系统的数值计算结果，可见张紧式系泊系统的横荡幅度明显比悬链系泊系统要小。

7.6.3　系泊系统性能分析

　　为研究锚链的安全性及锚点的抗拔性，选取代表性的锚链作为研究对象，选取 1#~4#系泊缆为主要研究对象（图 7.23、图 7.24），表 7.15~7.16 列出了两套系泊方案主要锚链张力值和安全因子。

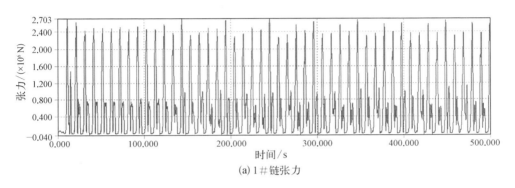
(a) 1#链张力

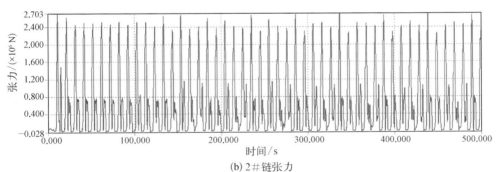
(b) 2#链张力

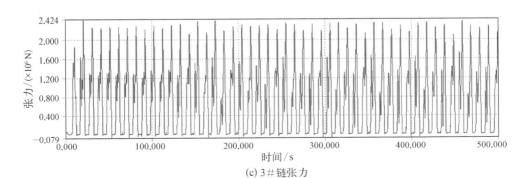
(c) 3#链张力

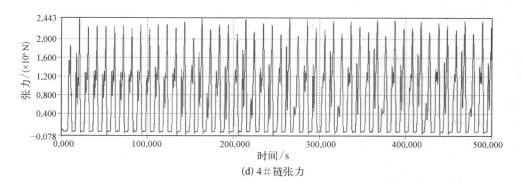

(d) 4#链张力

图 7.23　张紧式系泊系统张力（方案一）

表 7.15　锚链动张力极大值（方案一）

缆索编号	动张力/t	安全因子
1#	279	1.3
2#	278	1.3
3#	240	1.5
4#	240	1.5

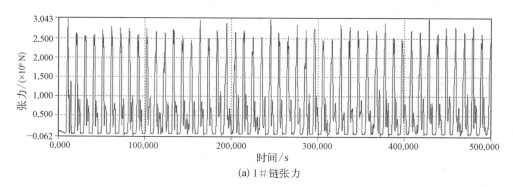

(a) 1#链张力

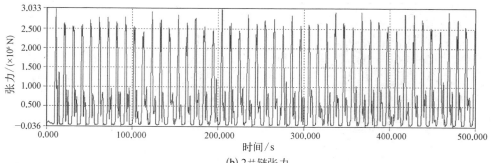

(b) 2#链张力

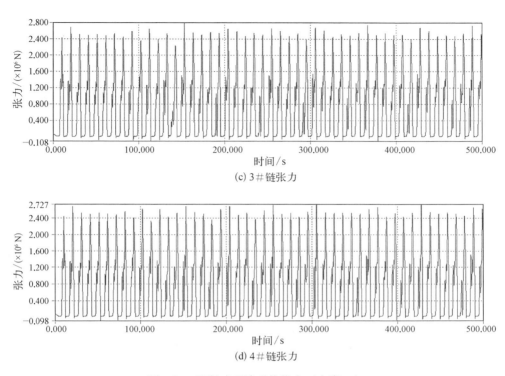

(c) 3#链张力

(d) 4#链张力

图 7.24　张紧式系泊系统张力（方案二）

表 7.16　锚链动张力极大值（方案二）

缆索编号	动张力/t	安全因子
1#	303	1.98
2#	303	1.98
3#	276	2.17
4#	275	2.18

　　根据 CCS 设计规范，对于完好的锚泊系统，锚链的最大张力的安全因子取 1.67，锚链动张力的最大动张力在许可范围内，可保证防波堤在此海况下具有一定的安全性，方案一的安全因子系数低于规范标准值，因此方案一不满足规范安全系数要求，选取方案二作为张紧式系泊设计方案。

7.7　浅水系泊系统设计难点

　　悬链线式系泊系统和张紧式系泊系统都有一定的适用水深范围。通常认为悬链线系泊系统适用于 1 000 m 内的水深。张紧式系泊系统是随着纤维材料应用于深海而逐渐发展起来的，最早应用于 20 世纪 80 年代的张力腿平台和 Spar 平台[2]。张紧式系泊系统具有可产生较大的回复力、平台水平偏移量较小、系泊半径较小等优点，因此在水深系泊方面应用越来越广泛。目前世界上的合成纤维缆系泊系统多应用于对系泊系统重量敏感的深水水域，目前鲜见浅水中应用合成纤维缆永久系泊系统的工程实例。虽然随着浮式液化天然气生产储卸装置（FPSO）在渤海海域油田相继投产，针对浅水单点系泊 FPSO 的垂向运动安全性问题，已有大量理论和试验研究报道[7-10]，并已分析和提出浅水效应概念，而且有关附加质量、阻尼、固有周期和单位波幅下运动响应因子（RAO）等水动力特性随不同浅水深的变化规律也有研究[11-14]，但是针对浅水环境下多点的系泊系统研究较少。但随着岛礁建设开发力度的加大，对于浅水环境下的多点系泊系统设计逐渐引起业界的重点关注。浅水系泊系统主要包含以下两种。

1. 悬链线系泊系统

系泊水深很浅，系泊缆的锚链张力与系泊浮体的水平位移呈现高敏感性，悬链线效应不明显。随着位移的增大，系泊系统水平回复力急剧增大，因此悬链线系泊缆非常容易处于张紧状态。图 7.25 给出了 40 m 水深与 400 m 工作水深下系泊系统刚度对比示意图，400 m 水深的系泊系统回复力基本随位移呈现线性增长，而 40 m 水深的系泊系统回复力呈几何指数增长[15]。

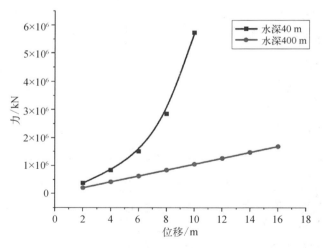

图 7.25　不同水深处系泊锚链张力变化规律[15]

对于悬链线式系泊系统，除了锚链本身的特性，不同的水深环境对系泊系统的影响也很大，特别是在浅水环境下。悬链线系泊系统主要是依靠其悬链线的几何形态和重力产生回复力的，但是在浅水环境下锚链的悬垂部分长度变化对系泊浮体水平位移的敏感度远远大于中深水条件下的敏感度。图 7.26 给出了不同水深条件下悬链线系泊张力的变化规律，表明随着水深减小，悬链线系泊系统的悬垂段越来越短，因此造成系泊张力与系泊浮体的水平位移呈现高敏感的特性。这种高敏感度虽然可以提供较大的水平回复力，有助于约束系泊浮体的水平位移，但同时极易使锚链处于张紧状态（躺底段长度为零），而一旦锚链处于张紧状态，将在很大程度上丧失悬链线式锚链通过改变悬垂部分几何形状来提供回复力的功能，而必须更多通过轴向拉伸来提供回复力，这将引起锚链张力的急剧增长，而一旦张力超过设计极限，将会造成锚链破断或锚被从海底拔出，锚泊系统可能因此失去定位功能，浮体运动将不受约束，由此造成严重后果[11]。因此为了解决浅水环境下系泊系统悬垂段过短的缺陷，设计浅水系泊系统时往往需要采取一些与常见的中深水不同的方法。通常采用增大锚泊半径、加重躺底段锚链重量的办法防止锚泊缆张紧状态的发生。

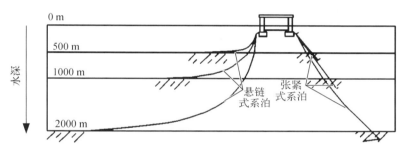

图 7.26　不同水深处系泊锚链张力变化规律

2. 张紧式系泊系统

典型的张紧式系泊系统在浅水时会面临聚氨酯等人工合成缆绳与海底存在摩擦破损的状态发生，加大系泊系统失效风险。另外，系泊缆绳长期使用后会产生变形，从而导致系泊缆增长，这种增长效应对于浅水区而言，会引起系泊系统的非张紧状态，而一旦遭遇恶劣海况时会引起松弛-张紧过程的冲击力，该力大大超过正常的张紧力，因此易诱发系泊缆破坏。因此如浅水系统采用半张紧式设计，需避免上述可能的失效风险。

参 考 文 献

[1]　API - RP - 2SK. Design and analysis of station keeping systems for floating structures[S]. USA：API Recommended Practice 2SK, RP, 2008.

[2]　中国船级社. 海上固定平台入级与建造规范[S]. 北京：中国船级社，2016.

[3]　李凤来，贾攀攀，马良，等. 潮流能电站四点式锚泊定位系统设计研究[J]. 工程与试验，2012，52（2）：60 - 64.

[4]　苏布拉塔·查克拉巴蒂. 海洋工程手册[M].《海洋工程手册》翻译组译. 北京：石油工业出版

　　　　　社，2012.

[5]　李欣. 深水浮式平台张紧式系泊系统设计分析[D]. 哈尔滨：哈尔滨工程大学，2017.

[6]　唐友刚，张若瑜，程楠，等. 集中质量法计算深海系泊冲击张力[J]. 天津大学学报，2009，
　　　　42（8）：695 - 701.

[7]　李梦阳. 海上浮式风机平台锚泊系统设计与研究[D]. 哈尔滨：哈尔滨工程大学，2013.

[8]　李志海，徐兴平，王慧丽. 海洋平台系泊系统发展[J]. 石油矿场机械，2010，39（5）：75 - 78.

[9]　李达，范模. 浅水八角形 FPSO 永久多点系泊系统研究[J]. 中国海上油气，2012，24（4）：66 - 70.

[10]　肖龙飞，杨建民，范模，等. 160kDWT FPSO 在极浅水中运动安全性研究[J]. 船舶力学，2006，
　　　　10（1）：7 - 14.

[11]　Li X, Yang J M, Xiao L F. Motion analysis on a large FPSO in shallow water[C] Proc. of the 13th ISOPE
　　　　Conf. Honolulu, Hawaii, USA：ISOPE, 2003：235 - 239.

[12]　余小川，谢永和，李润培，等. 水深对超大型 FPSO 运动响应与波浪载荷的影响[J]. 上海交通大学
　　　　学报，2005，39（5）：674 - 677.

[13]　Naciri M, Buchner B, Bunnik T, et al. Low frequency motions of LNG carriers moored in shallow water[C]
　　　　Proc. of the 23rd Int. Conf. on Offshore Mechanics and Arctic Engineering. Vancouver, BC, Canada, 2004,
　　　　3：995 - 1006.

[14]　肖龙飞，杨建民，胡志强. 极浅水单点系泊 FPSO 低频响应分析[J]. 船舶力学，2010，14（4）：
　　　　372 - 378.

[15]　吴波，程小明，田超，等. 不同水深环境下平台系泊系统特性研究[C] 全国水动力学研讨会，
　　　　2014.

第八章 近岸浮式码头前浮式
防波堤设计示例

8.1 概　　述

我国是临海国家，海岸线绵长曲折，海峡、海湾众多，海岛星罗棋布且环境优美，自然和人文景观资源丰富独特，在中国整体旅游市场中占有举足轻重的地位，开发前景广阔。中国位于西北太平洋沿岸，海岸线总长居世界第四，200 海里水域面积 200 万~300 万平方千米，居世界第十[1]。随着海洋旅游经济的发展，我国丰富的海岸线资源、岛礁资源以及海洋资源将逐渐得到合理、有序的开发和利用。浮式防波堤作为环保型海洋工程装备应用前景十分广阔。在我国沿海岛屿进行旅游开发或海洋资源开发利用中，浮式防波堤可配合浮式码头建造使用，以便游艇或船舶停泊与转运，如图 8.1 和 8.2 所示。

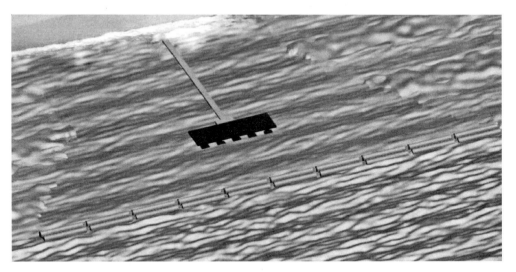

图 8.1　浮式防波堤掩护浮式码头和栈桥示意图

图 8.2　浮式防波堤掩护浮式码头案例（英国普利茅斯游艇港）

8.2　环境条件与设计要求

　　本章以我国南海某岛礁为例，此岛屿上的基础设施相对落后于陆地，岛际交通不便、缺少电力供应和环卫设施，岛上的生活、生产条件暂不满足旅游开发后期要求。旅游开发投资方为了对海岛进行旅游开发建设，需解决水陆交通问题。岛屿所处海域周围珊瑚礁盘如图 8.3 所示。岛屿海域波浪可高达 5~6 m，波浪周期约 6~8 s。图 8.3 所示岛礁外侧的水深变化较大，岛屿附近水域水深较浅，水深条件不满足中型船舶吃水要求。如果修建固定式码头或者结构物，一定程度上会破坏珊瑚礁盘。本书以该岛礁海域为例，在工程岛礁南侧近岸海域 40 m 水深处设计停泊游艇和船舶的浮式码头和浮式栈桥，用于解决环境保护与工程需要的矛盾。由于岛礁外侧水深变化大，如果采用固定式防波堤需要炸礁并且开挖一定深度的航道，鉴于浮式防波堤对水深适应能力强，且对环境影响小，因此开展浮式防波堤设计，利用浮式防波堤的消浪性能为浮式码头和浮式栈桥提供掩护水域。岛礁、浮式码头和浮式防波堤的相对位置等如图 8.3 所示，浮式码头和浮式防波堤布置在距离岛礁一定距离的水域处。

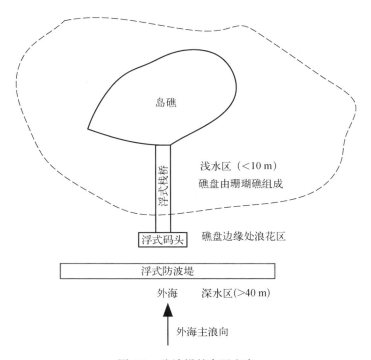

图 8.3　防波堤的布置方案

　　根据海域当地波浪短期实测数据以及长期波浪数值预报结果，海洋环境等基本环境参数及主要设计参数和指标如下。

　　（1）海域自然条件：

　　正常工况：水深 $D = 20$ m，$T = 6.0$ s，$L = 55$ m。

　　极限工况：$H_{max} = 10.0$ m，$T_{max} = 10.0$ s，$L_{max} = 121$ m。

　　（2）浮式码头主尺度：长 80 m，宽 30 m。

　　（3）浮式码头前靠泊船舶设计船长 40 m。

　　（4）系泊系统要求符合 CCS 规范规定的安全系数要求。

　　浮式防波堤透射系数指标设计要求如表 8.1 所示。

表 8.1　消浪性能指标

周期/s	透射系数
8.00	0.85
6.00	0.65
5.00	0.50

8.3　浮式防波堤设计方案

8.3.1　总布置设计方案

1. 防波堤构型选择

浮式防波堤构型对其消浪效率影响巨大，因此需要借助数值仿真、物理模型试验和理论分析综合，最后方案需综合技术和经济性进行论证。基于第三章给出的浮式防波堤构型设计方案，综合经济性能和技术可行性，本章以双圆筒型浮式防波堤构型为例进行示例说明。

2. 轴线布置方式

当前设计主浪向为南向浪，外海浪向与岛礁呈 90° 入射。根据本书第三章 3.3.1 节轴线布置设计原则所述，浮式防波堤轴线与主浪向呈 90° 为合适，以便浮式防波堤消浪性能最大化。浮式防波堤轴线布置形式主要为直线型、折线型和圆弧形三类，结合工程海域环境和波浪浪向选用直线型为示例布置形式。浮式防波堤布置掩护对象为浮式码头和浮式栈桥，为便于船舶进入浮式码头便利和靠泊方便采用如图 8.3 所示轴线布置方式。

3. 浮式防波堤与浮式码头的相对间距

确定浮式防波堤与浮式码头间相对间距需要满足两个要求：① 浮式防波堤与浮式码头间距必须保证船舶在靠泊浮式码头时有足够的回转水域；② 浮式码头与浮式防波堤间距不宜过远，确保在掩护区域内。目前行内未有专门针对浮式防波堤设计与平面布置方面的规范，但考虑到码头与浮式防波堤间距应满足回转水域的要求，因此参考《海港总体设计规范》（JTS 165 - 2013）[2]中关于回转水域的规范规定，具体如表 8.2 所示。

表 8.2　船舶回旋水域尺度要求

适 用 范 围	回旋直径/m
掩护条件较好、水流不大、有港作拖轮协助	(1.5~2.0) L
掩护条件较差的码头	2.5L
允许码头或转头墩协助转头的水域	1.5L

受水流影响较大的港口，应适当加长转头水域沿水流方向的长度，宜通过操船试验确定加长尺度；缺乏试验依据时，沿水流方向的长度可取（2.5~3.0）L

注：L 为设计船长。

考虑到岛屿附近缺乏试验依据，缺乏必要拖轮协助等因素，浮式防波堤与浮式码头的距离应满足船舶的回旋区域（2.5~3.0）L（L为设计船长）。最终选取设计距离为3.0L，L为设计船长（取40 m），因此设计距离暂定120 m。为满足第二条要求，必须在设计浮式防波堤长度时综合考虑。

4. 浮式防波堤总长度设计

选取设计波浪T=6 s，波长55 m，查询《海港水文规范》（JTS 145-2-2013），如图8.4所示，可知选取防波堤离浮体的距离大于120 m时，防波堤长度为四倍的波长时，浮式平台所在位置处绕射系数值在0.3~0.4之间，绕射系数较低，防波堤总长需要至少220 m。此防波堤的主要功能要求为遮挡长度为30 m的浮式码头，因此考虑经济性及需求，根据第三章公式（3.3）选取系数1.1，则最小总设计长度为

$$L_{all} = K_0 L_0 = 1.1 \times 220 = 242 \text{ m} \tag{8.1}$$

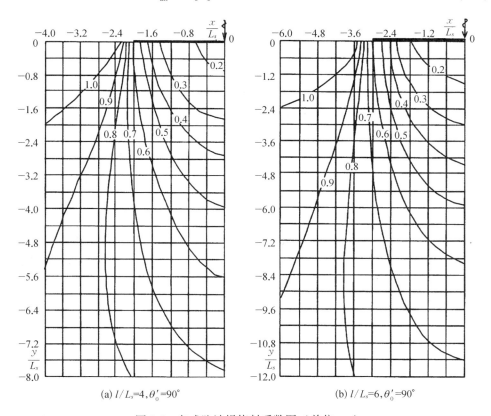

(a) $l/L_s=4, \theta_0'=90°$　　　　　　(b) $l/L_s=6, \theta_0'=90°$

图8.4　岛式防波堤绕射系数图（单位：m）

结合数值计算结果以及浮式防波堤单元模块尺寸和连接器尺寸等，最终设计长度为258 m。浮式防波堤总布置如图8.5所示。

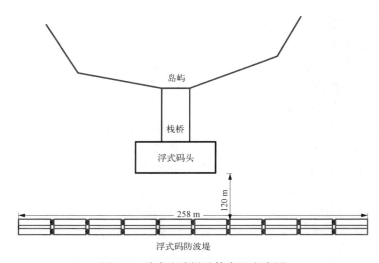

图 8.5　浮式防波堤总体布置方案图

5. 浮式防波堤宽度设计

浮式防波堤结构物尺度可用结构吃水深度 d，水平宽度 B，吃水深度和水深之比 D/d，结构宽度和波长之比 B/L 等参数来描述。一般来说 D/d 值越大，其消浪效果越好；B/L 值越大，即浮体的宽度越大，消浪效果也越好。

根据浮式防波堤消浪性能指标要求，浮式波浪周期在 6 s（水深 $d=20$ m，波长 L 为 55 m）需要保证波浪的消浪性能在 0.35 以上，透射系数控制在 $K_t \leqslant 0.65$。双圆筒型浮式防波堤堤宽参考方箱型构型消浪性能曲线。查询第三章 3.3.3 节堤宽设计方法中的图 3.9 可知，透射系数 $K_t \leqslant 0.65$。考虑到含消浪网双圆筒型浮式防波堤比方箱型具备更优的消浪性能，选定浮式防波堤堤宽为 12~15 m，具体堤宽可根据水动力性能最终确定，初始阶段堤宽设计为 12 m。根据堤宽要求结合双圆筒结构形式，确定单个浮筒直径为 5 m，两浮筒间距确定为 2.0 m，具体的构型形式如图 8.6 所示，主要尺度见表 8.3。

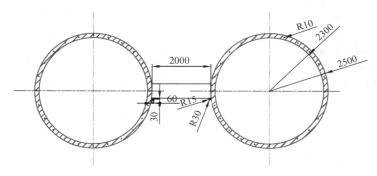

图 8.6　浮式防波堤设计尺寸

表 8.3　浮式防波堤设计尺寸

设计方案	堤宽	圆筒直径	连接结构
方案 1	12 m	5 m	2 m

8.3.2　连接结构设计方案

考虑到浮式防波堤的主尺度与波浪载荷，初步确定选用弹性连接器为设计母型，确定采用链式与弹性组合式连接设计方案。此处给出链式与弹性组合式连接器设计方案如下：两个模块间采用三排四列共计 12 个橡胶圈布置方式，具体如图 8.7、图 8.8 及表 8.4~表 8.6 所示。

图 8.7　链式连接结构整体示意图

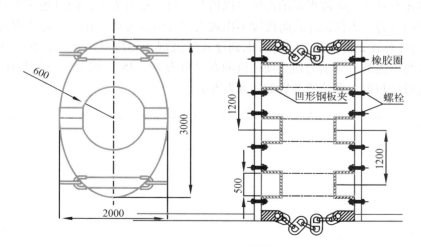

图 8.8　浮式防波堤连接器结构主尺度

表 8.4　连接器主要构件尺寸

橡胶圈	钢 链	壁 环
12 个	24 根	24 对

表 8.5　橡胶圈主尺度

橡胶圈数量	外径	内径	截面形状	倒角
4 组，每组 3 个	3.0 m	0.6 m	3.0 m×2.0 m	0.2 mm

表 8.6　闭环结构主尺度

闭环数量	吊环间距	壁环内径	壁环外径
6 对	1.2 m	0.5 m	2 m

8.3.3　系泊系统设计方案

根据第八章节给出的系泊系统设计方法，本章共设计了两套系泊设计方案，分别为张紧式系泊系统和悬链线系泊系统。

1. 张紧式系泊系统

根据浮式防波堤的主浪向和总布置方案，浮式防波堤系泊系统布置形式如图 8.9 与图 8.10 所示。浮式防波堤水平面运动响应以横荡运动为主、纵向运动为辅，因此布置浮式防波堤系泊系统时以横荡方向回复力为主，同时还应兼顾纵荡方向的回复力。为保证浮式防波堤不出现大幅度横荡运动，在浮式防波堤边侧沿 90°方向各布置 2 根锚链，同时考虑到浮式防波堤小幅度纵荡运动，在其四个顶端布置两组锚链，分别为顶点处锚链的布锚角为 30°/45°。张紧式系统共计 32 根系泊缆对称布置，系泊缆参数如表 8.7 所示。

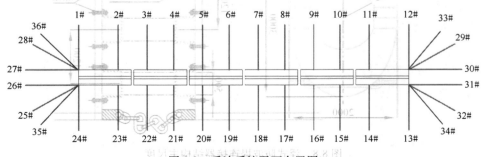

图 8.9　系泊系统平面布置图

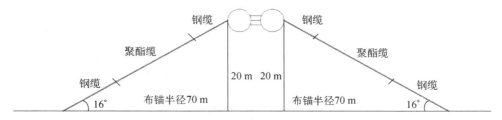

图 8.10　系泊系统立面图

表 8.7　系泊缆参数

材　　质	长度/m	单位质量/（kg/m）	直径/mm	轴向刚度/kN	破断载荷/kN
锚链 R3S	15.0	165.76	87	5.0×10^5	6981
高分子聚酯缆	55.5	2.00	120	2.5×10^7	6200
锚链 R3S	5.0	165.76	87	5.0×10^5	6981

2. 悬链线系泊系统

1）系泊系统锚链长度

悬链线系泊系统的总布置方式见图 8.11，共布设 32 根锚链。悬链线系泊缆长度或者海底锚固点位置是系泊设计中的关键要素之一，系泊缆长度受环境载荷和系泊半径影响较大。因此根据系泊半径控制在 250 m 的要求，结合表 7.3 表中推荐值 $h<25$ m 工况锚链长度与水深比值，初始方案中浮式防波堤链长初定 170 m 左右。

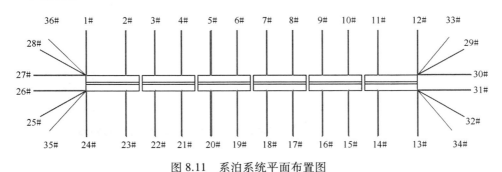

图 8.11　系泊系统平面布置图

2）系泊系统单个锚链缆重量设计

本书采用水动力软件 AQWA 中创建浮式防波堤水动力模型进行水动力参数的分析，计算得到各频率下浮式防波堤主体结构二阶平均漂移力值 P_{jj}^-、二阶漂移力值和 Jonswap 模拟谱分别如图 8.12 和图 8.13 所示。

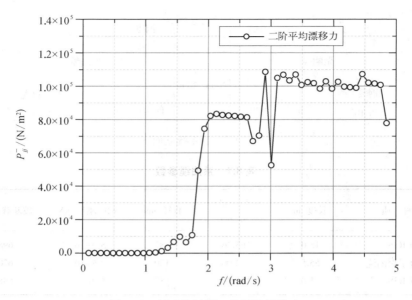

图 8.12　浮式防波堤二阶平均漂移力

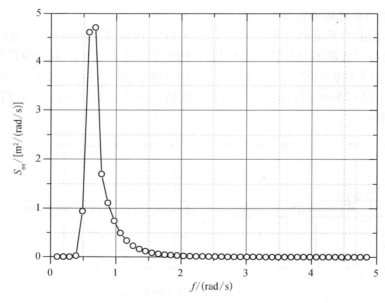

图 8.13　Jonswap 谱（$T = 10.18$ s，$H_{1/3} = 5.0$ m）

　　通过 8.3 节公式（8.11）可计算得到浮式防波堤波浪载荷值为 $8.8×10^4$ N。根据浮式防波堤布置区域水深条件和工程区域要求，确定浮式防波堤系泊半径约 150～180 m，因此根据公式（7.3）和（7.4）可得到浮式防波堤锚链重量下限值为

$$a = \frac{l^2 - z^2}{2z} = \frac{170 \times 170 - 20 \times 20}{2 \times 20} = 712.5 \tag{8.2}$$

$$W_{\text{下限值}} = W_{\text{空}} = \frac{T_H}{0.87a} = \frac{8.8 \times 10^4}{0.87 \times 712.5} = 142 \text{ kg/m} \tag{8.3}$$

悬链线系泊系统总布置图 8.11 所示，浮式防波堤迎浪侧与背浪侧布置一对系泊锚链，因此浮式防波堤单根锚链重量（空重）下限值为 $W_{\text{下限值}} = 142/2 = 71$ kg/m。为保证浮式防波堤锚链张力满足规范安全因子要求、海底锚固点要求，用锚链的重量乘以一定的安全系数（锚链单重可以选择 142～284 kg/m）以便为后续动力计算预留调整空间，通过查询系泊锚链规格，选取两种规格的锚链规格，用于对比说明。选取 R4 直径 100 mm 和 111 mm，单重 219.0 kg/m 和 269.83 kg/m 有档锚链，系泊链参数如表 8.8 所示。

表 8.8 　（a）系泊方案一

材质	长度/m	单位长度质量/（kg/m）	直径/mm	轴向刚度/N	破断载荷/kN
R3	170	219.00	100	8.54E8	8 028

表 8.8 　（b）系泊方案二

材质	长度/m	单位长度质量/（kg/m）	直径/mm	轴向刚度/N	破断载荷/kN
R3	170	269.83	111	1.05E9	9 650

8.4　性　能　分　析

为了评估浮式防波堤初步设计方案的可行性，利用数值模拟软件建立了浮式防波堤水动力数值模型，针对消浪性能、水动力运动性能、锚泊性能进行了数值分析。为了便于数值模拟，忽略连接结构弹性效应，将浮式防波堤系统按照刚性连接开展时域耦合分析，因此所模拟的锚链张力、运动响应等结果偏保守。

8.4.1　消浪性能分析

采用 FLOW‑3D 软件对浮式防波堤单个模块规则波作用下的消浪效果进行计算。为了计算结果的准确性，测点布置在防波堤前部一个波长位置处，在堤后取一个波长的距离，防波堤堤长为 39 m，结构所在区域水深 20 m，故建立一个长 200 m、宽 40 m、深 20 m 的数值水槽，如图 8.14 所示。

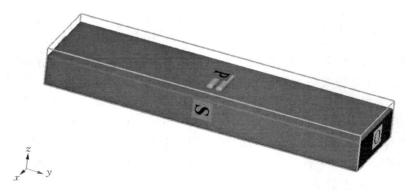

图 8.14　数值水槽

采用 PROE 软件建立双浮筒式单个模块的三维模型，如图 8.15 所示。

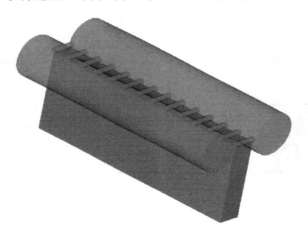

图 8.15　单个模块的三维模型

　　通过计算结构在规则波作用下的运动和系泊张力的关系，估算系泊缆线性的线性刚度，用于 FLOW－3D 中模拟系泊缆张力的计算，其计算模型如图 8.16 所示。

　　图 8.17 给出了透射系数随波浪周期的计算结果，计算结果表明该设计能够能满足消浪指标的要求，各个工况下透射系数计算结果和要求如表 8.9 所示。从图中可以看出，随着波浪周期增加，波浪透过结构的能量越大，这是因为波浪周期的增大，使得波浪的波长增大，从而使得波浪影响的水质点的运动较大，仅仅是表面处的结构已经无法阻碍结构底部更深处的波浪水质点的运动，消浪效果不明显。

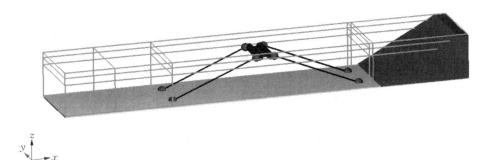

图 8.16　双浮筒式浮式防波堤系泊计算模型

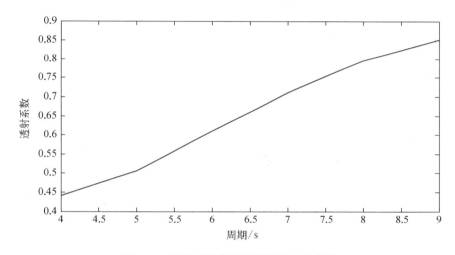

图 8.17　透射系数随波浪周期的变化曲线

表 8.9　不同海况下透射系数计算结果

波高/m	周期/s	透射系数计算结果	透射系数指标
7.00	8.00	0.80	0.85
5.00	6.00	0.63	0.65
4.00	5.00	0.48	0.50

8.4.2　张紧式系泊水动力性能

对浮式防波堤及张紧式系泊系统进行全时域耦合分析（图 8.18、图 8.19），在 90°浪向下浮式防波堤的六自由度运动响应如图 8.20~图 8.25 所示，图中横坐标为时间，单位为 s，纵坐标是浮式防波堤六自由度运动量，单位为 m 或（°）。

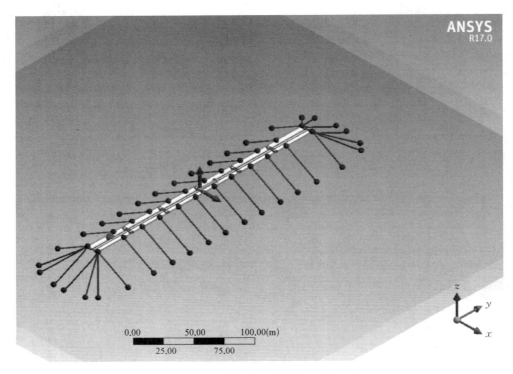

图 8.18　结构刚性连接的张紧式系泊布置

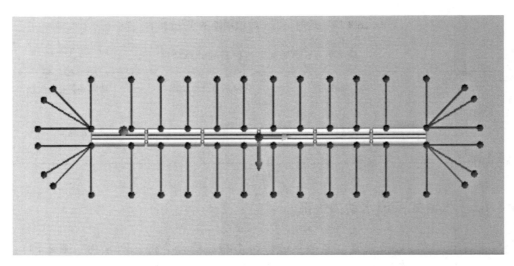

图 8.19　刚性连接张紧式系泊俯视图

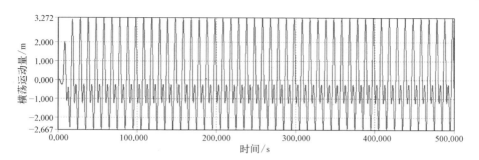

图 8.20　横荡运动时程曲线

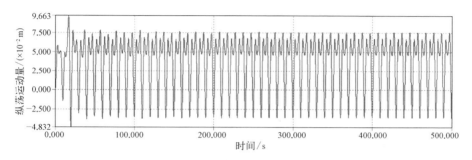

图 8.21　纵荡时程曲线

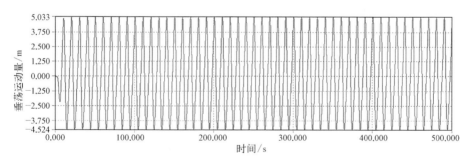

图 8.22　垂荡运动时程曲线

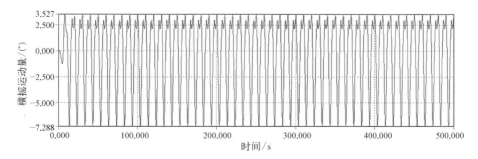

图 8.23　横摇运动时程曲线

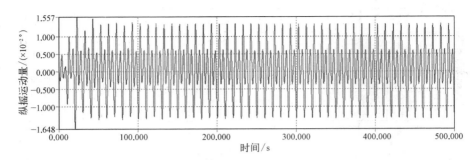

图 8.24　纵摇运动时程曲线

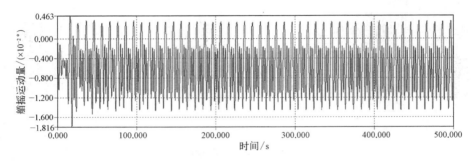

图 8.25　艏摇运动时程曲线

在该系泊方案的设计下，浪以 90° 入射，浮式防波堤主要的运动模态为横荡、横摇和垂荡，纵荡、纵摇和艏摇的运动幅值较小，横荡、横摇和垂荡运动响应的统计值如表 8.10 所示。

表 8.10　浮式防波堤主要模态运动响应（张紧式系泊）

运动响应	最大值	最小值	平均值
横摇/(°)	3.53	−7.28	−1.88
横荡/m	3.27	−2.67	0.30
垂荡/m	5.03	−4.52	0.26
纵移/m	0.097	−0.048	0.03
纵摇/(°)	0.016	−0.016	−1.88
艏摇/(°)	0.005	−0.018	0.30

综合图 8.20~图 8.25 和表 8.10 可知，浮式防波堤的运动较为合理，并未出现大幅值的运动响应。在波浪 90° 入射的海况下，横荡、垂荡和横摇主要运动幅值满足要求。

8.4.3　悬链线式系泊水动力性能

对浮式防波堤及悬链式系泊系统进行全时域耦合分析，在该90°浪向下浮式防波堤的六自由度运动响应如表8.11与表8.12所示。主要运动响应时历如图8.26～图8.29所示，整体上悬链式系泊下的浮式防波堤运动响应受到系泊系统类型的限制，运动响应大于张紧式系泊下的运动响应，但整体上运动量在可接受范围之内。

表 8.11　浮式防波堤主要模态运动响应（悬链线式系泊方案一，219 kg/m）

运动响应	最大值	最小值	平均值
横摇/(°)	5.26	-6.26	-0.50
横荡/m	4.02	-4.92	-0.45
垂荡/m	5.5	-5.7	-0.10
纵移/m	0.08	-0.05	0.02
纵摇/(°)	-0.007	0.013	-0.50
艏摇/(°)	-0.014	0.015	-0.45

表 8.12　浮式防波堤主要模态运动响应（悬链线式系泊方案二，269.83 kg/m）

运动响应	最大值	最小值	平均值
横摇/(°)	5.344	-6.33	-0.50
横荡/m	3.873	-4.783	-0.46
垂荡/m	5.548	-5.678	-0.06
纵移/m	0.069	-0.047	0.01
纵摇/(°)	0.01	-0.008	-0.50
艏摇/(°)	0.024	-0.036	-0.46

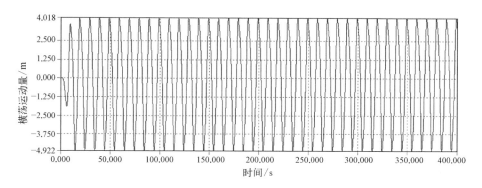

图 8.26　横荡运动响应值（方案一）

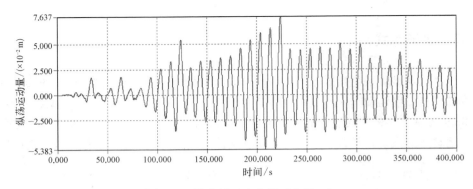

图 8.27　纵荡运动响应值（方案一）

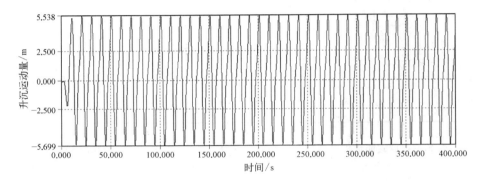

图 8.28　升沉运动响应值（方案一）

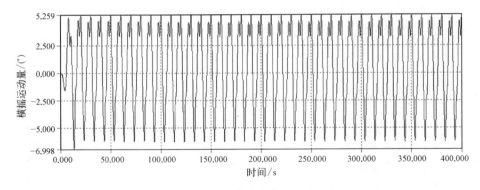

图 8.29　横摇运动响应值（方案一）

8.4.4　张紧式系泊性能分析

为研究锚链的安全性及锚点的抗拔性，选取代表性的 1#、8#、12#、17#、24#、27#、28#锚链作为研究对象，相应的张力值如图 8.30~图 8.36 所示。

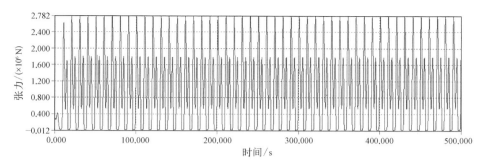

图 8.30　1#锚链张力时程曲线

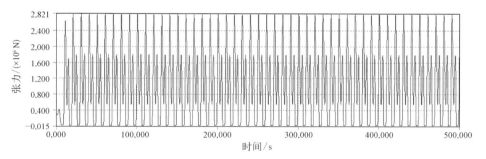

图 8.31　8#锚链张力时程曲线

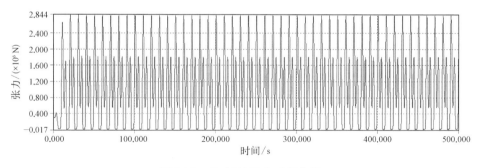

图 8.32　12#锚链张力时程曲线

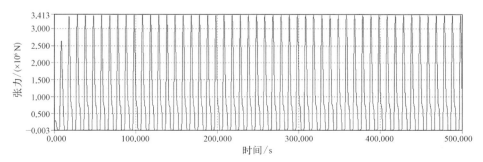

图 8.33　17#锚链张力时程曲线

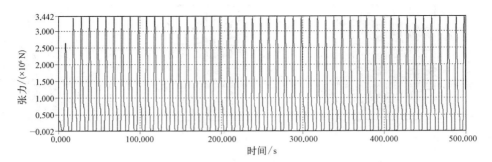

图 8.34　　24#锚链张力时程曲线

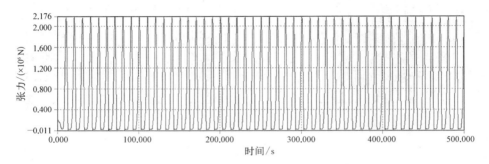

图 8.35　　27#锚链张力时程曲线

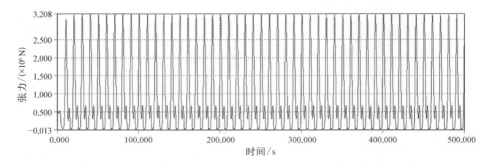

图 8.36　　28#锚链张力时程曲线

　　为了校核锚链的强度，现将锚链张力的最大值和锚链的最小破断张力进行比较，如表 8.13 所示，从表中可知，参考 CCS 设计规范，对于完好的锚泊系统，锚链的最大张力的安全因子应大于 1.67，整个迎浪面的系泊缆的张力安全因子为 1.9，系泊缆满足安全要求。结构背浪面的系泊缆张力也满足这一规律，但是背浪面的系泊缆的张力比对应位置的迎浪面的系泊缆张力要小。

表 8.13　锚链动张力极大值

锚链编号	1#	8#	12#	17#	24#	27#	28#	36#
动张力/t	278.1	282.0	284.4	341.3	344.1	217.6	320.8	305.9
安全因子	2.23	2.20	2.18	1.82	1.80	2.85	1.93	2.03

8.4.5　悬链线式系泊性能分析

为研究锚链的安全性及锚点的抗拔性，选取代表性的 1#、8#、12#、17#、24#、27#、30#锚链作为研究对象，相应的张力值如图 8.37~图 8.43 所示。为了校核锚链的强度，现将锚链张力的最大值和锚链的最小破断张力进行比较，如表 8.14 所示，从表中可知，根据 CCS 设计规范，对于完好的锚泊系统，锚链的最大张力的安全因子应大于 1.67，整个迎浪面的系泊缆的张力安全因子为 1.9，系泊缆满足安全要求。结构背浪面的系泊缆张力也满足这一规律，但是背浪面的系泊缆的张力比对应位置的迎浪面的系泊缆张力要小。

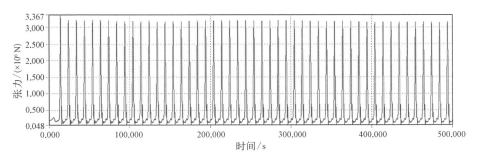

图 8.37　1#锚链张力（悬链线系泊方案二，269.83 kg）

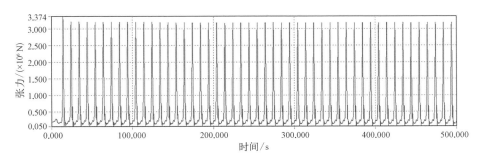

图 8.38　8#锚链张力（悬链线系泊方案二，269.83 kg）

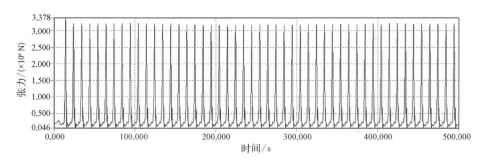

图 8.39　12#锚链张力（悬链线系泊方案二，269.83 kg）

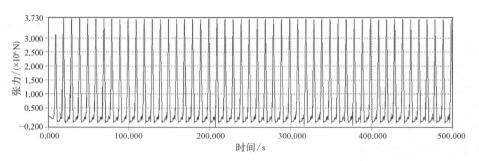

图 8.40　17#锚链张力（悬链线系泊方案二，269.83 kg）

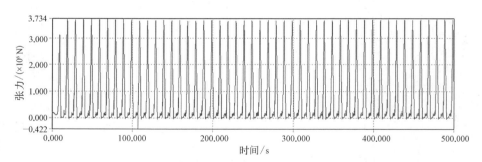

图 8.41　24#锚链张力（悬链线系泊方案二，269.83 kg）

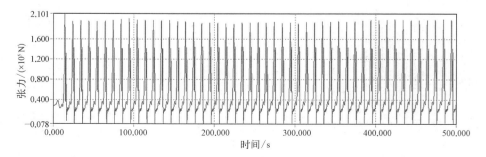

图 8.42　27#锚链张力（悬链线系泊方案二，269.83 kg）

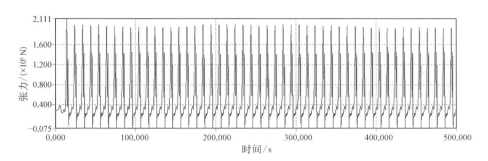

图 8.43　30#锚链张力（悬链线系泊方案二，269.83 kg）

表 8.14　（a）锚链动张力极大值（悬链线系泊方案一，219 kg）

锚 链 编 号	1#	8#	12#	17#	24#	27#	28#	30#	31#
张力/t	342	349.4	349.8	375.9	374.5	219.0	85.9	220.1	330.5
安全因子	2.30	2.30	2.30	2.14	2.14	3.67	9.80	3.65	2.43
最小躺底长度/m	7.75	7.89	7.89	4.36	4.35	10.27	60.76	9.2	2.99

表 8.14　（b）锚链动张力极大值（悬链线系泊方案二，269.83 kg）

锚 链 编 号	1#	8#	12#	17#	24#	27#	28#	30#	31#
张力/t	342.6	340.3	338.6	374.8	371.9	194.9	85.7	206.4	322.6
安全因子	2.82	2.84	2.85	2.57	2.59	4.95	11.26	4.68	2.99
最小躺底长度/m	11.04	11.16	11.31	4.98	4.96	14.33	62.15	13.0	3.39

8.4.6　不同系泊系统对比分析

1. 运动响应

如表 8.15～表 8.17 所示，列出了不同系泊类型下浮式防波堤的运动响应值。从表中可知，张紧式系泊浮式防波堤运动响应相比悬链线系泊更优，运动响应更小，能更好地约束浮式防波堤波浪下的运动。两套悬链线系泊系统对浮式防波堤运动响应的影响差异较小，方案二略微优于方案一。三套系泊方案下浮式防波堤运动响应整体幅值较小，符合要求。

表 8.15　浮式防波堤运动响应（张紧式系泊）

运动响应	最大值	最小值	平均值
横摇/(°)	3.53	−7.28	−1.88
横荡/m	3.27	−2.67	0.30
垂荡/m	5.03	−4.52	0.26
纵移/m	0.10	−0.05	0.03

表 8.16　浮式防波堤运动响应（悬链线系泊方案一，锚链自重 219 kg/m）

运动响应	最大值	最小值	平均值
横摇/(°)	5.26	−6.26	−0.50
横荡/m	4.02	−4.92	−0.45
垂荡/m	5.5	−5.7	−0.10
纵移/m	0.08	−0.05	0.02

表 8.17　浮式防波堤运动响应（悬链线系泊方案二，锚链自重 269.83 kg/m）

运动响应	最大值	最小值	平均值
横摇/(°)	5.34	−6.33	−0.50
横荡/m	3.87	−4.78	−0.46
垂荡/m	5.55	−5.68	−0.06
纵移/m	0.07	−0.05	0.01

2. 锚链张力

表 8.18~表 8.20 给出了张紧式系泊和悬链线式系泊的锚链动张力模拟结果。表 8.21 与表 8.22 给出了悬链线系泊海底躺底段长度。悬链线系泊主要依靠其悬链效应所产生的效应来约束和限制浮式防波堤运动响应，因此不同的锚链单重会产生不同的悬链线效果，越重的锚链海底段越长，系泊越安全，数值模拟结果也反映了上述现象和结论，方案二相比方案一海底躺底段更长，两套悬链线方案锚链张力基本一致，方案二略微小于方案一。由于张紧式系泊系统中间系泊采用聚酯缆材料，聚酯缆相比锚链具备更优的弹性，因此系泊系统的张力相比更小。

表 8.18　张力极大值（张紧式）

锚链编号	1#	8#	12#	17#	24#	27#	28#	30#	31#	32#
张力/t	278.1	282.0	284.4	341.3	344.1	217.6	320.8	220.5	220.5	236.3
安全因子	2.23	2.20	2.18	1.82	1.80	2.85	1.93	2.81	2.81	2.62

表 8.19　张力极大值（悬链线方案一，锚链自重 219 kg/m）

锚链编号	1#	8#	12#	17#	24#	27#	28#	30#	31#
张力/t	342.0	349.4	349.8	375.9	374.5	219.0	85.9	220.1	330.5
安全因子	2.30	2.30	2.30	2.14	2.14	3.67	9.80	3.65	2.43

表 8.20　张力极大值（悬链线方案二，锚链自重 269.83 kg/m）

锚链编号	1#	8#	12#	17#	24#	27#	28#	30#	31#
张力/t	342.6	340.3	338.6	374.8	371.9	194.9	85.7	206.4	322.6
安全因子	2.82	2.84	2.85	2.57	2.59	4.95	11.26	4.68	2.99

表 8.21　锚链躺底段长度（悬链线方案一，锚链自重 219 kg/m）

锚链编号	1#	8#	12#	17#	24#	27#	28#	30#	31#
躺底段长度/m	7.75	7.89	7.89	4.36	4.35	10.27	60.76	9.2	2.99

表 8.22　锚链躺底段长度（悬链线方案二，锚链自重 269.83 kg/m）

锚链编号	1#	8#	12#	17#	24#	27#	28#	30#	31#
躺底段长度/m	11.04	11.16	11.31	4.98	4.96	14.33	62.15	13.0	3.39

3. 消浪性能

本书采用 STAR CCM+软件模拟了堤长 240 m 浮式防波堤消浪性能，为了分析不同系泊方式对消浪性能的影响，在 STAR CCM+中分别设置了张紧式与悬链线式系泊方案。各个测点位置如表 8.23 所示，具体位置如图 8.44 所示，数值波浪水池长 640 m、宽 400 m、水深 20 m，为了降低计算量，采用中心对称方式，降低计算量。表 8.24 提供了不同系泊张力下浮式防波堤堤后不同位置处的消浪性能，系泊刚度对消浪性能有较大的影响。在某些周期范围内，提升系泊刚度或者选用张紧式系泊系统能减少浮式防波堤运动响应，提升浮式防波堤整体消浪性能。上述系泊对于浮式防波堤影响规律与试验数据规律一致。

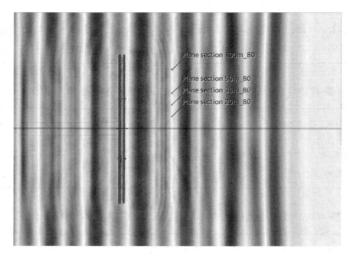

图 8.44　浮式防波堤消浪性能分析监测点布置位置

表 8.23　测点位置

测点序号	测点 1	测点 2	测点 3	测点 4
x/m	80	80	80	80
y/m	20	30	50	100

表 8.24　$H=2.5\ \mathrm{m}$、$T=6\ \mathrm{s}$ 工况浮式防波堤透射系数

系 泊 类 型	测点 1	测点 2	测点 3	测点 4
张紧式系泊方案	0.61	0.61	0.62	0.65
悬链线系泊方案	0.64	0.64	0.65	0.68

参 考 文 献

[1]　赵百民. 海洋——矿产资源的另一宝藏[EB/OL]. https://www.cgs.gov.cn/ddztt/jqthd/dzzkgg/zwkd/201603/t20160309_296102.html[2023 - 03 - 26].

[2]　JTS 165 - 2013. 海港总体设计规范[S]. 北京：中华人民共和国交通运输部，2013.

第九章　岛礁地形影响下浮式
防波堤设计示例

9.1　概　　述

　　本章以我国沿海岛礁海域养殖业消浪需求为例，给出岛礁地形影响下浮式防波堤的设计示例。拟布设海域处于台风多发区域，给养殖业带来较大的安全风险，因此需要在养殖海域外围布设浮式防波堤来防浪消浪，同时浮式防波堤自身具备优异的海水交换性能，能满足养殖海域水体交换性的要求。拟布设海域养殖现状如图 9.1 与图 9.2 所示。本章重点给出海域的浮式防波堤设计方案，可为海上养殖网箱提供掩护区域，提高渔民海上养殖作业天数和效率，增强渔民养殖经济效率，提升抗海上恶劣海况能力提供设计参考。

图 9.1　传统木质网箱加泡沫浮球构建的养殖鱼排

9.2　环境条件与设计要求

设计方案的工程海域位于我国福建某海域岛屿附近，自然条件如下所示：
1. 风况
五十年一遇设计风速 25.0 m/s。

图 9.2　环保型塑胶网箱养殖基地

2. 工程地质

根据工程区域的地质报告可知当地海底地质总共 7 个岩土层：1~3 层为淤泥层，且淤泥层厚度较大，地基稳定性差，淤泥层厚度为 2.6 m~22.08 m；4~7 层为花岗岩，承载力较强。

3. 水深

工程区域水深约 40~50 m，整体地形较为平整，海底地势变化较小。

4. 工程水文

工程区域潮差达到 5.0 m，流速 1.615 m/s。

5. 浪向

浮式防波堤设计浪向以东向浪为主，兼顾东北浪向和东南浪向。根据工程海域波浪推算报告可知，五十年一遇波浪的有义波高 $H_{1/3}=4.97$ m，峰值周期 $T_P=6.41$ s。设计浪向为东向、东北浪向、东南浪向。

6. 消浪指标

消浪技术指标如表 9.1 所示。

表 9.1　消浪技术指标

波浪周期（最大周期）	消浪效果
$T<4$ s	55%
6 s>T>4 s	45%
8 s>T>6 s	25%

9.3 浮式防波堤设计方案

9.3.1 浮式防波堤构型方案设计

在第五章节双圆筒型浮式防波堤构型基础上,根据消浪需求设计了三圆筒型浮式防波堤构型方案。为了充分利用浮式防波堤自身的空间,在浮式防波堤下方设计了养殖网箱。养殖网箱设计既能提升消浪效果,又能提供养殖空间,一物两用,单模块构型设计如图9.3所示,养殖网箱设计如图9.4所示。

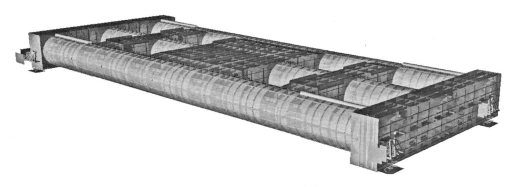

图9.3 防波堤构型设计方案

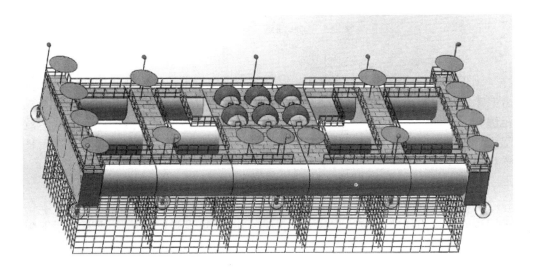

图9.4 浮式防波堤养殖网箱图

9.3.2　浮式防波堤总布置方案设计

　　如图 9.5 所示，工程区域南北两侧有岛礁存在，分别是岛礁 A 和岛礁 B，海产养殖规划区域位于海域西侧，为了抵御东向、东北、东南方向的来浪，本章给出了岛礁地形影响下浮式防波堤的总布置设计方案，如图 9.6 所示。拟在岛礁 A 与岛礁 B 区间海域布设浮式防波堤，起到消浪作用，为了尽量减少浮式防波堤的布设长度，利用岛礁 A 南侧原有的一礁盘布设浮式防波堤。

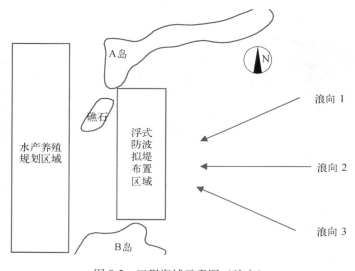

图 9.5　工程海域示意图（浪向）

　　1. 浮式防波堤总长度设计

　　工程区域内确定浮式防波堤堤长时需要考虑由于波浪绕射造成堤后波高不符合要求的现象。为解决因波浪绕射所产生的问题，浮式防波堤堤长通常需要布置足够长，进而增大堤后的掩护水域面积，从而解决上述问题。当前确定浮式防波堤设计长度参照第三章 3.3.2 节公式（3.3）确定，同时结合两岛礁实际可布设长度特点，浮式防波堤总长度为 480.5 m。

　　2. 浮式防波堤堤宽设计

　　根据波浪环境资料，该工程海域内五十年一遇波浪周期为 6.0 s 左右，本章采用该周期作为浮式防波堤堤宽设计周期，用于初步确定浮式防波堤堤宽下限值。浮式防波堤宽最终设计值还要考虑消浪性能指标要求，通过数值仿真和物理模型试进一步优化和校核后确定。浮式波浪周期在 6 s（水深 $d=40$ m，波长 L 约为 56 m）需要保证波浪的消浪性能在 45% 以上，透射系数 $K_t \leqslant 0.55$。双圆筒型

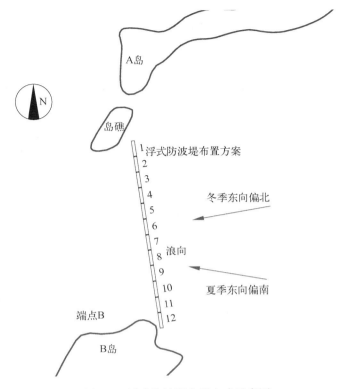

图9.6　浮式防波堤布置方式示意图

浮式防波堤堤宽参考方箱型构型消浪性能曲线。根据第三章第三节给出的堤宽设计方法中可获得 B/L 比值在0.3，由此可计算出方箱型浮式防波堤的堤宽需大于等于16.8 m，考虑到含消浪网双圆筒型浮式防波堤比方箱型具备更优的消浪性能，可以适当缩减堤宽，结合经济性能要求，设计阶段选取堤宽15 m，最终设计堤宽需根据系泊系统和水动力性能最终确定。

3. 浮式防波堤建造材料选择

当前海域波浪环境较为恶劣，根据浮式防波堤当前建造曲面结构的难易度、建造单位施工能力结合经济性，选择采用钢结构材料。根据工程所在海域波浪特点进行了针对性的设计，确定浮式防波堤主尺度如表9.2所示。

表9.2　浮式防波堤主尺度

防波堤总长	宽	吃水	圆筒直径	圆筒间距
480.5 m	15 m	3.0 m	3.0 m	3 m

9.3.3　系泊系统方案设计

　　根据第八章系泊系统设计方法，根据设计水深、波浪环境条件以及潮差条件，浮式防波堤选择半张紧式系泊系统，该系泊系统总布置方案如图 9.7 所示。浮式防波堤运动响应以横荡、垂荡、横摇为主，其余三个方向上的运动响应较小，因此在浮式防波堤的边侧布设了 26 根锚链，考虑到小幅值的纵荡运动，在四个顶端布置了 8 组锚链，锚链的布锚角分别为 0°/45°，系泊锚链共计 34 根锚链。系泊锚链的末端与海底相切，如图 9.8 所示，为了降低系泊系统自重，系泊采用三段式锚链-聚酯缆-锚链组合方式。考虑到来浪方向和节约成本，将系泊系统设置成非对称系泊，背浪侧系泊半径为 130 m，迎浪侧系泊半径为 180 m。

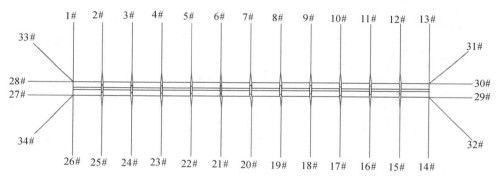

图 9.7　系泊系统布置方式

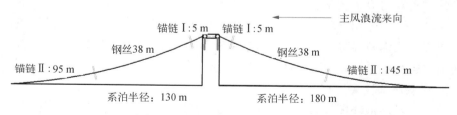

图 9.8　浮式防波堤锚链组成示意图

　　根据第八章张紧式系泊设计方法，系泊半径控制在 180 m 左右，因此设计锚链长度约 200 m，应用第七章 7.3.2 节公式（7.12）和公式（7.13），锚链重量（空重）下限值为

$$a = \frac{l^2 - z^2}{2z} = \frac{200 \times 200 - 45 \times 45}{2 \times 45} = 421 \tag{9.1}$$

$$W_{空} = \frac{T_H}{0.87an} = \frac{1.2 \times 10^6}{0.87 \times 421 \times 12} = 409 \qquad (9.2)$$

$$a = \frac{l^2 - z^2}{2z} = \frac{200 \times 200 - 40 \times 40}{2 \times 40} = 480 \qquad (9.3)$$

$$W_{空} = \frac{T_H}{0.87an} = \frac{1.2 \times 10^6}{0.87 \times 480 \times 12} = 239 \qquad (9.4)$$

浮式防波堤迎浪侧与背浪侧通常采用两侧对称布置，因此浮式防波堤单根锚链重量（空重）下限值为 $W_{下限值} = 409/4 = 102.25 \ \mathrm{kg/m}$。为保证浮式防波堤锚链张力满足规范安全因子要求、海底锚固点要求，因此锚链的重量乘安全系数（锚链单重可以选择 $102.25 \sim 306.75 \ \mathrm{kg/m}$），通过查询系泊锚链规格表，最终海底段锚链选取 R4 直径 100 mm 单重 216 kg/m 有档锚链。基于悬链系泊方案基础上，结合设计案例和工程经验，设计了半张紧式系泊方案如表 9.3 所示。

表 9.3　半张紧式系泊参数

位　置	材　质	直　径	长　　度	破断强度
底部	R4 Ⅱ锚链	100 mm	97 m（背浪面）/147 m（迎浪面）	9 020 kN
中部	聚酯缆	100 mm	38 m	4 000 kN
顶部	R4 Ⅰ锚链	87 mm	5 m	6 252 kN
合计	锚链长度：190 m（迎浪侧）/140 m（背浪）；系泊半径：180 m（迎浪侧）/130 m（背浪侧）			

9.4　总体性能分析

9.4.1　消浪性能分析

为了分析浮式防波堤堤后不同位置的消浪效果，分别选取防波堤后 150 m（WG1）、250 m（WG2）、350 m（WG3）三个位置用于分析，测点位置如图 9.9 所示。表 9.4 和表 9.5 分别给出了有义波高为 1.5 m 和 2.5 m 时，上述三个测点在不同波浪周期下的消浪效果。图 9.10 给出了有义波高为 1.5 m 和 3.0 m 浮式防波堤的消浪效果，从三个测点数据分析浮式防波堤消浪性能满足设计指标要求。

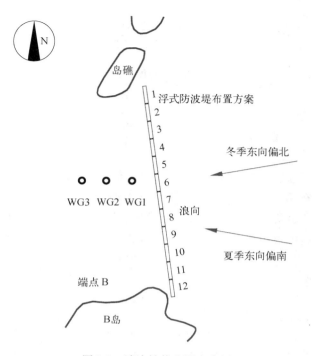

图 9.9 消浪性能监测点位置

表 9.4 $H_s = 1.5\,\text{m}$ 工况浮式防波堤消浪性能

波浪 周期/s	有效 波高/m	最大 波高/m	WG1 消浪效果	WG2 消浪效果	WG3 消浪效果	设计 要求
3	1.5	3	72%	76%	81%	55%
4	1.5	3	62%	68%	76%	55%
5	1.5	3	56%	58%	63%	45%
6	1.5	3	52%	51%	55%	45%
7	1.5	3	37%	39%	40%	25%
8	1.5	3	31%	32%	33%	25%

表 9.5 $H_s = 2.5$ 工况浮式防波堤消浪性能

波浪 周期/s	有效 波高/m	最大 波高/m	WG1 消浪效果	WG2 消浪效果	WG3 消浪效果	设计 要求
4	2.5	5	54%	58%	59%	55%
5	2.5	5	49%	51%	53%	45%
6	2.5	5	46%	47%	48%	45%

续 表

波浪 周期/s	有效 波高/m	最大 波高/m	WG1 消浪效果	WG2 消浪效果	WG3 消浪效果	设计 要求
7	2.5	5	33%	38%	37%	25%
8	2.5	5	29%	30%	28%	25%

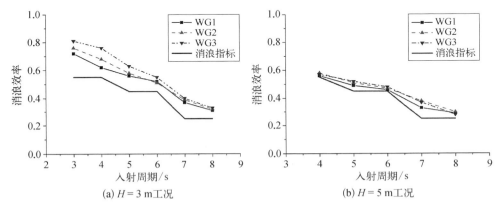

图 9.10 浮式防波堤消浪性能

9.4.2 运动响应与系泊性能分析

通过对浮式防波堤及张紧式系泊系统进行时域耦合分析，获得了浮式防波堤的水动力响应。表 9.6 与表 9.7 给出了半张紧式系泊浮式防波堤低水位和高水位运动响应值。

表 9.6 浮式防波堤运动响应（半张紧系泊高水位，45 m）

工 况	运动响应	最大值	最小值	均 值
浪向 0° 流向 0° 风向 0°	横摇/(°)	9.17	−14.9	−2.865
	横荡/m	7.5	−2.5	2.5
	垂荡/m	5.1	−4.9	0.1
	纵移/m	−0.05	−0.055	−0.052 5
	纵摇/(°)	0.02	−0.01	0.005
	艏摇/(°)	0.01	0.00	0.005

工　况	运动响应	最大值	最小值	均　值
浪向30° 流向30° 风向30°	横摇/(°)	3.0	−1.76	0.62
	横荡/m	0.76	−0.94	−0.09
	垂荡/m	2.03	−0.11	0.96
	纵移/m	0.32	−0.006	0.157
	纵摇/(°)	0.45	−0.47	−0.01
	艏摇/(°)	0.20	−0.24	−0.02
浪向45° 流向45° 风向45°	横摇/(°)	1.06	−1.5	−0.22
	横荡/m	0.03	−0.73	−0.35
	垂荡/m	1.72	0.47	1.095
	纵移/m	0.26	−0.21	0.025
	纵摇/(°)	0.29	−0.25	0.02
	艏摇/(°)	−0.04	−0.12	−0.08

表 9.7　浮式防波堤运动响应（半张紧系泊低水位，40 m）

工　况	运动响应	最大值	最小值	均　值
浪向0° 流向0° 风向0°	横摇/(°)	9.8	−16.9	−3.55
	横荡/m	7.8	−2.4	2.70
	垂荡/m	5.16	−4.91	0.125
	纵移/m	−0.05	−0.075	−0.062 5
	纵摇/(°)	0.005	−0.044	−0.019 5
	艏摇/(°)	0.024	−0.01	0.007
浪向30° 流向30° 风向30°	横摇/(°)	3.87	−1.62	1.125
	横荡/m	2.20	1.69	1.945
	垂荡/m	4.37	−1.22	1.575
	纵移/m	2.11	1.84	1.975
	纵摇/(°)	0.75	−0.54	0.105
	艏摇/(°)	−0.03	−0.24	−0.135
浪向45° 流向45° 风向45°	横摇/(°)	1.17	−1.54	−0.185
	横荡/m	0.56	−0.40	0.08
	垂荡/m	1.80	0.52	1.16
	纵移/m	0.37	−0.04	0.165
	纵摇/(°)	2.83	−2.32	0.255
	艏摇/(°)	0.11	−0.025	0.042 5

　　数值模拟结果表明，在低水位 40 m 和高水位 45 m 下浪以 90° 入射，浮式防波堤主要的运动模态为横荡、横摇和垂荡，纵荡、纵摇和艏摇的运动幅值较小，横荡、横摇和垂荡运动响应的统计值如表 9.6 与表 9.7 所示，除了横摇值较大外，90° 浪向下其余运动响应幅值较小，对周围浮体影响较小。整体上浮式防波堤运动响应运动量在可接受范围之内。斜浪 30° 和 45° 工况下浮式防波堤运动响应横摇、纵荡运动幅值都能控制在合理范围内，但随着环境入射角的增大，浮式防波堤的纵向运动量值和纵摇值逐渐增大。高低水位对浮式防波堤运动响应影响有一定影响，受到系泊系统的影响，低水位下横摇、横荡略微大于高水位运动响应值。

　　表 9.8 与表 9.9 给出了半张紧式系泊系统横浪工况、斜浪工况（30°、45°）下系泊系统锚链张力结果。整体上各种工况下浮式防波堤系泊最大张力均小于系泊缆破断张力，系泊系统设计方案满足规范中系泊安全因子要求。

表 9.8　浮式防波堤半张紧式系泊锚链张力极值（低水位，40 m）

环境要素	锚 链 编 号	张力/t	安全因子
浪向 0° 流向 0° 风向 0°	背浪侧 2#	40	10.0
	背浪侧 4#	40	10.0
	背浪侧 8#	40	10.0
	迎浪侧 15#	161	2.5
	迎浪侧 17#	161	2.5
	迎浪侧 19#	162	2.5
	迎浪侧 21#	166	2.4
	背浪侧端部 31#	36	11.1
	迎浪侧端部 32#	81	4.9
	背浪侧端部 33#	36	11.1
	迎浪侧端部 34#	81	4.9
浪向 30° 流向 30° 风向 30°	背浪侧 2#	39	10.3
	背浪侧 4#	30	13.3
	背浪侧 8#	22	18.2
	迎浪侧 15#	63	6.3
	迎浪侧 17#	51	7.8
	迎浪侧 19#	44	9.1
	迎浪侧 21#	56	7.1
	背浪侧端部 31#	41	9.8
	迎浪侧端部 32#	70	5.7
	背浪侧端部 33#	44	9.1
	迎浪侧端部 34#	79	5.1

环境要素	锚 链 编 号	张力/t	安全因子
浪向 45° 流向 45° 风向 45°	背浪侧 2#	30	13.3
	背浪侧 4#	30	13.3
	背浪侧 8#	26	15.4
	迎浪侧 15#	34	11.8
	迎浪侧 17#	34	11.8
	迎浪侧 19#	27	14.8
	迎浪侧 21#	25	16.0
	背浪侧端部 31#	30	13.3
	迎浪侧端部 32#	27	14.8
	背浪侧端部 33#	31	12.9
	迎浪侧端部 34#	36	11.1

表 9.9　浮式防波堤半张紧式系泊锚链张力极值（高水位，45 m）

环境要素	锚 链 编 号	张力/t	安全因子
浪向 0° 流向 0° 风向 0°	背浪侧 2#	73	5.4
	背浪侧 4#	73	5.4
	背浪侧 8#	73	5.4
	迎浪侧 15#	195	2.0
	迎浪侧 17#	195	2.0
	迎浪侧 19#	195	2.0
	迎浪侧 21#	195	2.0
	背浪侧端部 31#	60	6.6
	迎浪侧端部 32#	110	3.6
	背浪侧端部 33#	59	6.7
	迎浪侧端部 34#	103	3.8
浪向 30° 流向 30° 风向 30°	背浪侧 2#	36	11.1
	背浪侧 4#	35	11.4
	背浪侧 8#	33	12.1
	迎浪侧 15#	42	9.5
	迎浪侧 17#	38	10.5
	迎浪侧 19#	38	10.5
	迎浪侧 21#	40	10.0
	背浪侧端部 31#	31	12.9
	迎浪侧端部 32#	44	9.0
	背浪侧端部 33#	41	9.7
	迎浪侧端部 34#	45	8.8

续　表

环境要素	锚链编号	张力/t	安全因子
	背浪侧 2#	41	9.7
	背浪侧 4#	33	12.1
	背浪侧 8#	35	11.4
	迎浪侧 15#	38	10.5
浪向 45°	迎浪侧 17#	44	9.0
流向 45°	迎浪侧 19#	40	10.0
风向 45°	迎浪侧 21#	37	10.8
	背浪侧端部 31#	43	9.3
	迎浪侧端部 32#	40	10.0
	背浪侧端部 33#	43	9.3
	迎浪侧端部 34#	45	8.8

9.4.3　结论

　　岛礁地形下浮式防波堤布设具有一定难度，受到潮差、岛礁地形、水深以及航道等诸多因素影响。本章依据给定的海域水文、气象、地质、波浪推算资料，确定浮式防波堤布置方案设计工况，依据设计工况开展了浮式防波堤总体布置研究，完成了浮式防波堤总布置方案。布设方案轴线布置以东向来浪为主，兼顾东北以及东南侧来浪。布设方案中充分考虑了两个岛礁地形的影响，为保证岛礁西侧水产养殖区内符合海洋养殖要求，在两个岛礁局域内布设浮式防波堤。由于岛礁 A 西侧属于海洋养殖区，若在岛礁西侧布置浮式防波堤，其系泊系统以及海底的锚固系统将占用部分海域养殖区。因此，为增大海上网箱养殖区域面积，将浮式防波堤布置确定在岛礁的西侧区域。方案充分利用当地水深地形条件，以减少浮式防波堤总长度以及降低浮式防波堤后续系泊系统的工程造价为目的，设计了上述方案。此方案中浮式防波堤南北两端处的系泊系统锚固点全布置在北面的礁石岛和南面岛礁 B 上，相比海底锚固点既能极大地降低工程造价和施工难度，同时也便于后期的维护、保养以及实时监测锚固点。